JN147004

NHK
プロフェッショナル
仕事の流儀

1

革新をもとめる
プロフェッショナル

編：NHK「プロフェッショナル」制作班

NHK プロフェッショナル 仕事の流儀 1

革新をもとめるプロフェッショナル

目次

はじめに 4

一徹に直す、兄弟の工場
自動車整備士 小山明・博久 5

一期一会、人生を運ぶ
引っ越し作業員 伊藤秀男 45

心をこめて、あたり前の日常を…
ビル清掃
新津春子
81

誇りをかけて、思い出を洗う
クリーニング師
古田武
115

作るのは、ともに歩む足
義肢装具士
臼井二美男
153

はじめに

このシリーズは、NHKで放送された番組『プロフェッショナル 仕事の流儀』を書籍にまとめなおしたものです。

番組では、さまざまな分野の第一線で活躍しているその道のプロフェッショナルたちの「仕事」をほり下げ、プロフェッショナルたちの仕事にのぞむ姿勢や、その生き方をつらぬく「流儀」を紹介しています。

1巻「革新をもとめるプロフェッショナル」では、自分の仕事に徹底的に向き合い、その仕事に新しい息吹を吹きこんだ6人のプロフェッショナルたちが登場します。

プロフェッショナルたちの仕事にのぞむ姿勢や考え方をとおして、仕事の奥深さ、働くということの魅力、プロフェッショナルたちの生き方の流儀を伝えられればと思います。

ストーリーの最後には、プロフェッショナルたちの格言をのせています。プロフェッショナルたちのことばが、これからを生きるみなさんの道しるべになることを願います。

「革新をもとめるプロフェッショナル」編集部

一徹に直す、兄弟の工場

自動車整備士

小山明・博久

ⓒ小山自動車

ここにもってきたらどんな車でも新車の状態にもどる。
そううわさされる工場がある。
「こうじょう」ではなく、町の小さな「こうば」だ。
油まみれのゴッドハンドをもつのは、60歳をとうにこえた兄と弟。
スクラップ寸前のポンコツも、高級スポーツカーも
ふたりにとっては同じ車。
心をこめ、力をつくして整備するだけだ。
工場をはじめて半世紀、いいことばかりじゃなかった。
乗りこえられたのは、ふたりいっしょだったから。
今日もまた、運びこまれた瀕死の1台。
持ち主は、けがで一度は運転をあきらめかけた。
彼の生きがいを、兄弟はよみがえらせることができるのか——。

✳神の手をもつ兄弟

広島県福山市に、兄弟が営む小さな自動車工場があります。朝7時半、

「はっちゃん、よう番しよれよ」

と、2階の自宅からあらわれて愛犬の頭をなでたのは、兄の小山明さんです。

1階の工場へおりると、明さんは掃除をはじめました。工場をすみずみまではくと、壁をふき、毎日つかうリフトから、年に一度しかつかわない機械まで丹念にみがき上げます。もう半世紀毎朝続けている日課です。

「工場がものすごうきたのうてから、『うちはええ整備します』て言うて、お客さんどう思うか？」

そう思いながら、明さんは黙々と掃除を続けています。

そうして1時間ほどたったとき、もうひとりの整備士、弟の小山博久さんがやってきました。

博久さんの自宅から工場までは自転車で10分。自転車のかごには、こちらも愛犬

を連れていました。

「ナナ、まだおりたらダメよ。よしっ！」

愛犬のナナにパンをやり、自分は缶コーヒーをあけました。

「太っちゃいけんけ、微糖じゃ。ブラックは、まだおとなになってないから」

と、笑いながらナナの体をなでています。

明さんと博久さんは8歳ちがい。兄の明さんは72歳で、むだ口ひとつたたかない性格です。弟の博久さんは64歳。気さくな人がらでおしゃべり好き。実はこの兄弟、日本中にその名をとどろかせているのです。

「えらいボロもってきましたねぇ」

この日工場に、半世紀以上前につくられた年代ものの小型車が運びこまれました。博久さんは冗談を言いながら、キャリアカーからおろされる車を、うれしそうに見つめています。

さっそくエンジンルームをあけると、

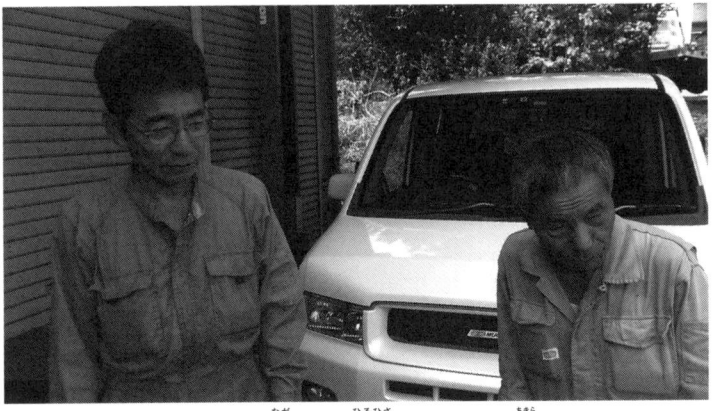

ボロボロの車をうれしそうに眺める、博久さん（左）と明さん（右）。

「ありゃー」

中はボロボロ。ほかの工場なら、さじを投げるレベルのひどい状態です。

「この車、ライトが上がるんかいな?」

つなぎのポケットに手をつっこみ、車に近づいてきた明さんもなぜか笑顔です。むずかしい依頼ほど、兄弟はうれしくてたまらないのです。

故障車の整備は博久さんの担当。エンジンの具合をチェックしながら、力強くつぶやきました。

「ちゃんと直る。だいじょうぶ!」

そのことばどおり、修理をはじめて3日後、博久さんがキーを回すと、エンジンがいい音でかかりました。

――プップ、プー

整備担当の明さんも、運転席でクラクションを鳴らします。

「意外とええな、この車。捨ててあったにもかかわらず」

まったく動かずスクラップ寸前だった車が、ふたりの手で息を吹き返したのです。

ふつう、自動車は10万キロ走ったら買いかえといわれますが、ふたりは、35万キロ走っている車でも直してしまう常識破りの腕をもっています。

車の種類は問いません。エンジンがかからない往年の名車、コンピューター制御の最新の外国車、軽自動車もダンプカーも、小山兄弟はどんな車でも次々によみがえらせてしまいます。

「ここへもってきたら、どんな車でも新車の状態にもどる」

そんなうわさを聞きつけ、殺到する依頼は月に150件。その中には、ディーラー（自動車会社の販売店）が「修理は無理だ」と音を上げた車も少なくありません。

「『これはもうできん』とは言いとうないき」と明さん。

「じいさんじゃと思ったら、大まちがいですわ」と博久さん。
そう言って笑うふたりの工場に、またもやむずかしい車の依頼がありました。

その車は、平成14年につくられた国産車。エンジンのかかりに異状があるといいます。
博久さんは、さっそくエンジンをかけてみました。
「アイドリングが続かない。これは危ない」
自動車は、一度エンジンをかけると、アクセルをふまなくてもエンジンは動いたままで止まりません。それがアイドリング。赤信号で停止したときのような状態です。でもその車は、アイドリングが安定していませんでした。
車の持ち主は、原因に心当たりがないと言います。このままでは、何かの拍子に暴走して事故につながりかねません。博久さんは、ライトをもってエンジンをのぞきこみました。
「ホースがどっか……外れてる?」

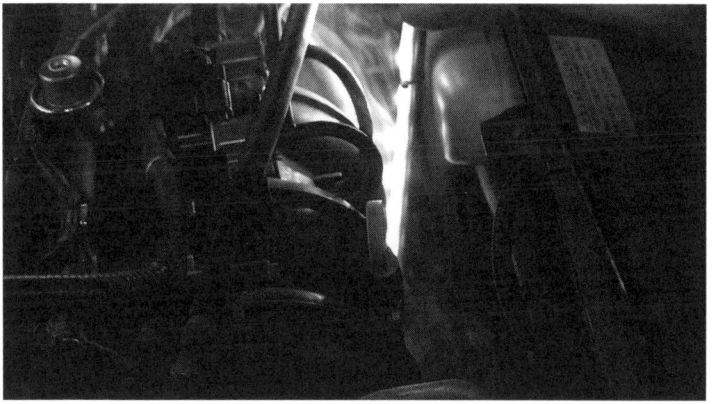

予想どおり、エンジン内部のホースから煙がでてきた。

エンジンまわりのホースが、どこかで外れていると読んだのです。

「よし、あれしよう！」

そう言うと博久さんは、何やら機械をもってきました。それは煙を発生させる機械。自動車整備工場ではあまり見かけないものです。これをエンジンまわりのホースにつないで煙を送りこめば、煙のもれた部分がホースの外れた箇所だとわかるのです。

「おお、もれよる、もれよる」

思ったとおり、ホースのどこからか煙がもれています。

「どこだ？　どこだ？」

車の上から下から、博久さんは10分も探し

ていましたが、ついに

「外れとる、外れとる。外れとるのがわかった！」

奥まった場所に、ホースの外れたところを発見しました。すぐにホースをつけ直し、ワイヤーで固定。これでエンジンは正常にかかります。

ところが、博久さんは仕事を終える気配がありません。

「う～ん。いやだなぁ」

と顔をしかめています。ふつうの故障整備ならここで作業は終了ですが、博久さんは、自分の仕事をこう考えているのです。

ただ「直す」だけなら、それは「整備」とはいわない

「なんでホースがぬけるんかな、ほんまに……」

博久さんは、故障の根本原因をつき止めたいと思っていました。しばらくあれこれチェックをし、やがてエンジン内にある点火プラグをとりだしました。7センチ

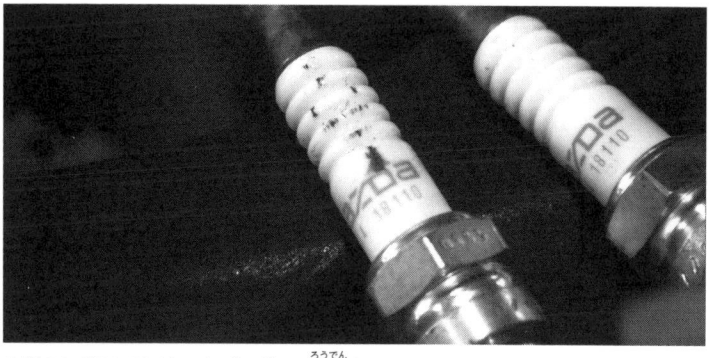

左側のわずかに黒くなったプラグで、漏電を見つけた。

ほどの部品で、一部がわずかに黒くなっています。

「ありゃ。あらららら。やったー！」

黒い変色は、漏電の跡。プラグが故障したことを意味していました。点火プラグは、火花を飛ばしてガソリンが気化したガスを燃やす大切なパーツ。これが故障すると、ガスが燃えないままエンジンの外にでてしまいます。そのガスに引火して爆発がおこり、その衝撃でホースが外れていたのです。

つまり、エンジンのかかりに異状があった本当の原因は、ホースが外れたからではなく、プラグの故障だったのです。

博久さんは、新しいプラグにとりかえると、車のエンジンをかけました。

「いい音、いまのはいい音」

これで同じトラブルはもうおきないはず。整備がようやく終わりました。

「身近にあるもので、車はいちばん危険なものじゃないかな。そういうものを直させてもらいよるんで、いい加減なことはできない。とにかく安全には力を入れて、心配で心配でしょうがないぐらい直したい」

博久さんは、いつもそう思って、仕事に向き合っているのです。

その姿勢は、車検整備担当の兄、明さんも同じです。

今日も1台の車が、車検のために預けられました。「車検」は、車が定期的に受けなければいけない検査のこと。国の法律で決められていて、これに合格しないとその車は公道を走ることができません。明さんは、車の持ち主から依頼を受け、その検査をおこなっているのです。

車を点検する前、明さんはまず洗車をおこないます。

高圧洗浄機で水を吹きつけ、自らもびしょぬれになりながら、すみずみまで車を洗っていきます。本来、車検に洗車は不要ですが、明さんは、よごれを落としてか

車検整備をする前、車をていねいに水洗いする明さん。

らこわれたパーツを探るのです。

「パッドがいけんね。よしっ」

ブレーキパッドという部品を交換すると言いました。

ブレーキをふむと、車が減速したり止まったりするのは、ブレーキパッドがタイヤにつながるブレーキディスクというパーツにおしつけられるからです。

ブレーキパッドは摩擦によってけずられていくので、点検して厚みがへっていたら、交換しなければいけません。

明さんは、パッドの厚さを計りました。

「3ミリか……」

3ミリの厚さがあれば車検には合格します。

ハンドルにコップをおき、振動のチェック。

「でも、次の車検までの2年間に、途中でかえないといけんようになる」

明さんは、いまかえたほうがいいと判断しました。さらに、試乗したその車に気になる点を見つけました。

「振動が……」

ハンドルをとおして、手に細かい振動が伝わります。

工場にもどり、ためしに水の入ったコップをハンドルにおいてみると、確かに小きざみに水面がゆれます。車検には問題ありませんが、車の振動は乗り心地を悪くします。明さんは、車体にエンジンを固定して車の振動をやわらげる部品を、交換することにしました。

「4つ全部かえりゃあええんじゃが、そりゃやっぱりお金がかかる」
明さんは、もともと4つある部品のうち、経験上いちばん劣化すると知っている部品ひとつだけを交換することにしました。これで、整備費用もおさえることができます。
「グー！　ものすごうようなった！」
ハンドルにおいたコップの水は、もうゆれませんでした。

✳真剣だから、不満足になる

9月下旬、博久さんは、ひときわむずかしい整備にとりかかっていました。
37年前に製造された有名なスポーツカー。この車に乗るのが長年の夢で、6年前に購入したという男性が、「最近エンジンの調子が悪い」と心配して、託したものでした。
博久さんは、2日かけて不調の原因を探しだし、部品を交換し終えました。でも、運転席でエンジンをかけ、アクセルをふみこんでは、しきりにその音を気にしています。

「音が悪い。これは耳に心地よくない」

この車の人気のひとつは、エンジンの安定した音です。でもいまは、つまった感じの不安定な音がすると言います。

博久さんは、エンジンの吸気など、さまざまな部分をチェックしました。そして、「どうしようかなぁ」と、いすに座っておでこに手を当ててしまいました。

この車のエンジンは8気筒。「気筒」とは、エンジンの中にある金属製の筒で、その中でおきる爆発のエネルギーによって車は動きます。この車にはその気筒が8つ備わり、8か所の気筒の中でそれぞれ爆発がおき、それが独特なエンジン音となっていました。

その音を左右するのは、気筒の中に空気とガソリンをまぜて送りこむ「キャブレター」という装置です。空気とガソリンの配合はきわめて繊細で、うまく調整できていないと、エンジン音が不安定なひびきとなってあらわれます。

ネジを回して調整をする博久さん。

「8個のうち、1個か2個が、同じように爆発していないんだな……」

ときおり「ボスッ」と不安定な音がまざるのは、そのバランスの悪さだと博久さんはにらんでいました。

博久さんは、エンジンをかけたまま、キャブレターの働きを調整するネジにドライバーを当て、少し回しました。

「ちがうなぁ～」

エンジン音に納得がいきません。もう少しネジを回します。

いま、こうした調整ができる自動車整備士はほとんどいないといわれています。最近の車はコンピューター制御。エンジンへ燃料を

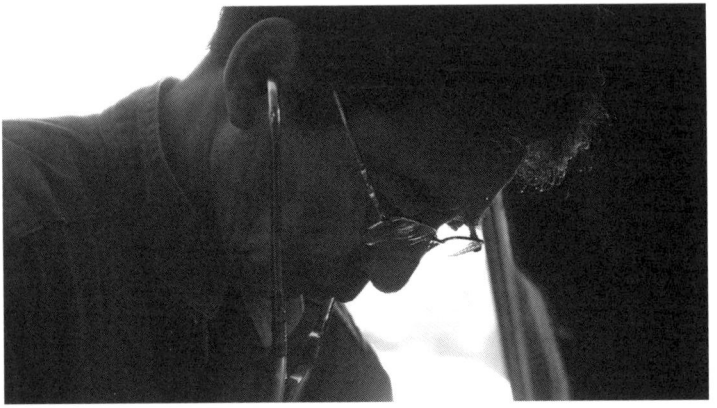

エンジン音を聞き、ひたすら調整を続ける。

送るのも、キャブレターではなく「インジェクション」とよばれる電子燃料噴射装置がコントロールしているので、このネジがないのです。

「また、おかしいなぁ」

博久さんは、エンジン音を聞きながら、8気筒分のネジを調整し続けました。

「なかなかうまいことといかん。最初よりだいぶ音はましになったけど」

そう言いますが、そのちがいはしろうとにはまったくわからないレベルです。

挑みはじめて3日目。博久さんはその車を走らせてみました。

ふつうに乗るには、悪くありません。でも、この車はスピードがでます。高速のときにはどうなるか。音の問題は、だいじな乗り心地に関わります。

（こんなんじゃだめだ。このままおさめるのは自動車整備士としてちょっとはずかしい。もうちょっと、もうちょっとがんばろう）

自動車整備のプロとして、博久さんはひとつの信念を心にきざんできました。

客が気づかないことにも気づき追求し続けてこそ、プロ

「こういう車に乗っている人は、ここらへんが大切なんだろうなぁ」

博久さんは、車のオーナーの好みや、こうして欲しいだろうという思いをつねに考えて整備をしています。そうすることでお客さんに喜んでもらえるからです。博久さんはお客さんが喜んでくれるのがいちばんうれしいと言います。

その後もミリ単位でネジを調整し、なんどもなんどもエンジン音を確かめました。

翌週、車の持ち主がやってきました。

試乗して工場にもどってきた男性は、車からおりると博久さんにこう言いました。
「いいです！　ありがとうございます！」
「よろしいですか？」
「音と走りとそういったものをふくめて楽しめる車なので、そこらへんもしっかり調整していただいて……。ありがとうございました」
ところが、客の帰ったあと、博久さんはどこか浮かない顔です。
「お客さんは満足されたけど、まだちょっと気に入らん。こんどきたときに、ちょっとずつ調整したらもっとよくなる」
真剣であればあるほど、不満足になる――それが、小山兄弟の毎日なのです。

✳ふたりだからがんばれた

小山兄弟の工場には、その腕の秘密を探りに、同業者が引きも切らず見学に訪れます。今日は、その見学会です。

「これ、何すんの？」
「これは、煙をこしらえてエンジンの中に入れてみる。そしたら、もれよるところがわかる」
「これはスキャンツール。輸入車専門につかう機械ですわ。コンピューター制御の車につないで故障を発見するんです。ざっと20台くらいあります。車種によって得手不得手があるけ。これだったらラテン車は見れる、アメ車はいけんとかね」
明さんが説明します。だれもが一様におどろくのは、整備につかう道具の豊富さ。
「わたしも自動車屋しよるけどね、見たことない機械や道具がけっこうあります。すごいっすね」
ふたりはかぎられたもうけの中から、最大限道具にお金をつかっています。車や整備に関する最新情報をつかむのは、兄の明さんの役割。
「届いた、大好きな本！」
まちきれず袋を破いてとりだしたのは、自動車整備の専門雑誌です。月に13冊もの専門誌を買い、すみずみまで熟読しているのです。

雑誌で最新の情報を確認する明さん。

「ん？　おっ。バッテリー・テスターやね。新しいやつ」

ページを開くやいなや、食い入るように読みはじめました。

明さんは、兄弟コンビのいわばブレーン役。

「最新の道具を何も知らなんだら、お客さんに迷惑かかる。お客さんのほうがインターネットでよう勉強しとったら、いけん。お客さんの上に立っておかな」

そう言って、自動車メーカーなどの展示会にも足しげくかよい、仕事に役立ちそうな道具を見つけだします。

そうして買った道具をつかいこなすのは、もっぱら博久さん。ふたりは、仕事場で話をしたり、共同作業をしたりすることはほとんどありませんが、いつも役割を分担し、ささえ合っているのです。

小山兄弟の工場は、昭和34年、ディーラーにつとめていたお父さんが独立し、はじめました。

兄の明さんは、高校を卒業するとすぐに工場で働きはじめました。その頃、8歳年下の博久さんはまだ子ども。兄はたよりがいがあり、おもちゃも買ってくれる優しく大きな存在でした。

10年後。兄を追うように工場に加わった博久さんは、兄の働く姿におどろきます。

当時のおもな仕事は、青果市場や運送会社のトラックなど、会社や団体などが所有する車の整備。明さんは注文にこたえるために、休日もなく、早朝から深夜まで仕事に追われていました。しかも取引先の担当者から無理な値引きをせまられ、神経をすりへらしていたのです。

経験不足の博久さんには、明さんを助けることができません。故障車の整備にも時間がかかり、客に心配されることすらありました。しかし、明さんはそんな弟をけっしてしかりませんでした。じっくり仕事をさせてくれる兄に、博久さんは感謝の気持ちでいっぱいでした。

転機が訪れたのは父の引退後です。明さんは大きな決断をしました。

「これからは個人の車の整備だけやっていく」

仕事の評価に関係のないことで、取引先にごまをするようなことは、もうやめたかったのです。

「大口の取引先がなくなった穴は、うめられるんか？」

博久さんはそう思いましたが、反対しませんでした。兄の思うようにさせてあげたかったのです。

案の定、工場の経営は苦しくなりました。売上げが落ちこみ、3人いた従業員はゼロに。博久さんは「なんとかしてあんちゃんの力になりたい」と、あることを思いつきます。当時流行していたアマチュアのモータースポーツ競技。そこでつかわれるスポーツカーの整備でした。スポーツカーには、性能を上げたり改造したり、故障車の整備以上に高い技術が求められます。

ふたりは1件でも多く手がけようと、必死になって客のきびしい要望にこたえ続けました。

すると、思わぬ変化がおきました。

スポーツカーも手がける腕利きがいると評判が広まり、遠方からも次々と依頼がまいこみはじめたのです。

ところがその直後、明さんがぜんそくでたおれてしまいます。長年の無理がたたったのか、工場にでてこられない日が続きました。

「競技でいい成績をだせば、あんちゃんも喜ぶ！」

博久さんはそう胸に誓い、ひとりで懸命に働きました。

そうして1年後、博久さんの手がけた車が、全日本選手権で1位から4位までを独占したのです。博久さんは真っ先に明さんに電話をしました。すると明さんはこう言いました。

「そうか、よかったな」

スポーツカーの整備をしていた頃の博久さん（写真中央）。

それはいつものようにそっけない返事でしたが、本当の胸の内はちがったのです。

（あのかわいかった弟が、いまや工場をささえる大黒柱になった……）

電話を切ると、明さんは大声でばんざいをしたのです。

ふたりはいまでも、苦労した頃のことをわすれません。おたがい面と向かっては言いませんが、こう思っています。

「そりゃあもう感謝してる。弟にまかせときゃ、全部してくれる」

「ふたりのうちどっちか欠けたら仕事はできない」

✳「直す」の先へ

10月上旬、博久さんは、ある人のもとを訪ねていました。10年来のつきあいがある、システムエンジニアの藤井剛さんです。

藤井さんが修理を依頼したのは、8年前に中古で買った軽自動車でした。エンジンがかからなくなってしまったのです。

「しゃらしゃらっとは、直らんね。あたりまえか」

博久さんはおどけて藤井さんを笑わせ、エンジンルームをあけました。

「雨が入るんですねぇ。ここらへんもさびてしまってる。よし、もって帰ろ」

「お願いします」

藤井さんは、愛車がキャリアカーで運ばれていくのを見送りました。

車は、藤井さんの生きがいです。藤井さんは脳性小児麻痺で、足に障がいがあります。運転が趣味で、運転技術を競う自動車競技に参加するのが何よりの楽しみなのです。この軽自動車も競技用に買ったものでした。

ところが、5月に階段で転んで首を骨折する重傷を負い、4か月の入院。その間、車を野ざらしにせざるをえませんでした。

明さんと博久さんは、藤井さんのためにできるだけのことをしたいと思っていました。今回は故障整備と点検整備の両方をかねているので、兄弟はふたりがかりでおこないます。

まず明さんが、4か月のよごれを丹念に落としました。

「藤井さん、車に乗れるようになって、ほんまにうれしかった。車があれば、リハビリがんばってしようか、いう気になるし」

一方の博久さんは、車の配線図を見ながら、エンジンがかからない原因を探っていました。キーを回し、電流をチェックします。

「0・87アンペアしかとおってない。ポンプがだめじゃ」

燃料ポンプをとりだしました

「うわぁ！　すごいことになっとる！」

劣化した燃料ポンプは、新しいものに交換するしかありません。

「燃料タンクはええんか？」
明さんが声をかけます。
「燃料タンクもさびまくっとるな」
中をのぞいた博久さんがこたえます。
「コーティングすればええよな」
明さんがアドバイスしました。
博久さんは兄の助言にしたがい、とり外した燃料タンクにクリーニング剤を入れてひと晩寝かし、きれいにしたところへさびを予防するコーティング剤を入れて、回しかけました。
「こうすれば、全然ちがうな」
作業は順調に進みました。

藤井さんはいま、懸命にリハビリを続けています。首を骨折した当初、もう車の運転ができなくなると落ちこんでいました。そんな藤井さんの病室へ、ひょっこり小山兄弟が訪れたのです。
「手は動くん？　足は動くん？」
博久さんが聞きました。
「こんだけしか動かないんですよ。医者も運転は絶対無理だって……」
藤井さんがそう言って状態を見せると、明さんがこう言ったのです。
「そんだけ動けば十分じゃ。車は運転できるよ」
藤井さんは、そのことばにとても勇気づけられたと言います。

「エンジン、無事にかかりましたよー」
整備をはじめて1週間、工場にやってきた藤井さんに博久さんは報告しました。
「ありがとうございます！」
ほぼ半年ぶりの、愛車の運転です。
「ふつうに乗れるじゃないですか！」
助手席の博久さんが声をかけると、藤井さんはうれしくてたまらないという顔で、アクセルをふみこみます。

「いやいや、ゆっくり行ってください。うれしそうに行かずに。危ないですから」

ふたりとも、車内で大笑いです。

試乗は無事に終わり、藤井さんが帰って行きました。ところがそのあと、博久さんは「これからだ」と、また整備をはじめたのです。

運転席に座って外しはじめたのは、サイドブレーキ。運転席の脇にある、手でひくブレーキです。実は博久さん、試乗中に藤井さんの左手の動きが気になっていました。長期の入院で腕力がやや落ちていた藤井さんは、サイドブレーキをひく力が弱くなっていたのです。

サイドブレーキは、ふつうは駐車時につかうもので、走行中はつかいません。けれど、藤井さんの参加している自動車競技では、サイドブレーキを頻繁に操作します。これは競技のための車。そこで博久さんは、サイドブレーキを改造しようと決めたのです。藤井さんの気づかないことも追求してこそプロ。その信念で、博久さんはサイドブレーキを改良しはじめました。

サイドブレーキの持ち手を調整する博久さん。

まずはにぎる場所を5センチのばします。

「こうすれば、てこの原理で少ない力でもひけるようになる」

さらに、溶接で持ち手の先端を少し手前に曲げることにしました。

「角度をつけよう。にぎりやすくなるように」

いよいよ、サイドブレーキをとりつけます。先端を、助手席側にわずかに向け、より操作しやすくしました。

「ものすごく楽！」

思わず笑みがこぼれます。あとは明さんの出番です。

「ミニサーキット走りよるけ、足回りやブレーキはとくにかちっと見ないと」

ネジのゆるみはないか、磨耗した部品はないか入念に点検し、最後にもう一度、ていねいに車を洗いました。

「よっしゃ！」

納車の日。

藤井さんをまちきれなかった博久さん。わくわくした声で、こう言いました。

「ちょっとサイドブレーキ、ひいてみて」

藤井さんは、「なんだろう？」という顔です。でも、博久さんのことだからきっと何かいいことだろうとわかるのでしょう。思わず顔がにやけてしまいます。

「ちょっと変えたんですよ」

つかい心地も確かめようと、許可をとり、自由に走ってよい場所で競技のときのように、サイドブレーキをつかってターンをしてみました。

「ここでドンとひく。ブーン！　いいですね！」

右へ左へターンする車の助手席で、博久さんは、運転する藤井さんのようすに、

「心をこめて整備(せいび)して、お客様に満足してもらいたい」

うれしさがこみ上げてきました。一度はあきらめかけた車の運転。それを藤井さんは、こんなにも楽しんでいます。

「だいぶひきやすくなりました。自然に手をのばしたところにサイドブレーキがあって、やりやすかった」

工場へもどった藤井さんに、明さんも声をかけます。

「今度は楽でしょう?」

「藤井さんはまだまだ若いから、これからどんどん乗ってもらわにゃいけんのですよ」

博久さんもエールを送りました。

心地よいエンジン音をひびかせながら、藤井さんが帰っていきます。その車の後姿を、明さんと博久さんは見えなくなるまで見送りました。

明(あきら)さん

あたりまえのことをあたりまえに。
どんだけ心をこめて、もうそれだけです。
特別に何かをしよるんじゃなしに、
それがあたりまえになっとる。

プロフェッショナルとは

博久さん

どんな種類でも、どんなボロでも、
どんな高級車でも、向き合う姿勢は
真剣にはしたい、手をぬかない。
それにともなった仕事に対して、
お客様が満足してお金をはらって
もらえるのが、そうじゃないですかね。

第283回2015年12月7日放送

こんなところがプロフェッショナル！

心をこめた整備で車をよみがえらせる小山明さんと博久さん。こんなところがすごいよ。

情報収集を欠かさない

毎月13の専門誌を買って熟読したり、自動車メーカーの展示会に足を運んだりして、つねに新しい情報を収集している明さん。最新の道具の知識をもち、お客さんのために役立てたいと思っています。

けんかはほとんどしない

けんかはほとんどしないというふたり。点検・検査は明さん、修理は博久さんとそれぞれ得意分野がちがいます。おたがいに、相手の仕事を信頼し、尊敬しているからです。

全国から同業者が訪れる

ボロボロの車でも、小山さんの工場にもってくると新車のようによみがえります。「ゴッド・ハンド（神の手）をもつ」といわれているふたりの元には、全国から同業者や車関係者が、整備の勉強をしに訪れます。

心をこめた整備

毎月150件の整備依頼がくる小山さんの工場。整備の技術だけでなく、お客さんの車への思いを受け止め、お客さんが喜んでくれるよう、心をこめておこなう整備が、多くの依頼につながっています。

プロフェッショナルの格言

自動車整備士、小山明さんと博久さんのことばを心にきざもう。

心配で心配でしょうがないくらいに直す

「車は身近にあるものでいちばん危険なもの」と博久さん。それを直しているのだから、心配しすぎるくらい心配して修理をしています。つねに「命を預かっている」という自覚をもって仕事をしているのです。

これはもうできんとは言いとうない

どんなにボロボロの車でも、「これはもう直らない」とは言いたくないと明さんは言います。知識と技と心で整備をしています。

ふたりだから、がんばれた

どんなにつらく、大変なときも、兄弟で力をあわせてきたふたり。ひとりではくじけそうなときも、ふたりだからがんばれたと言います。おたがいに、かけがえのない存在なのです。

一期一会、人生を運ぶ

引っ越し作業員

伊藤秀男

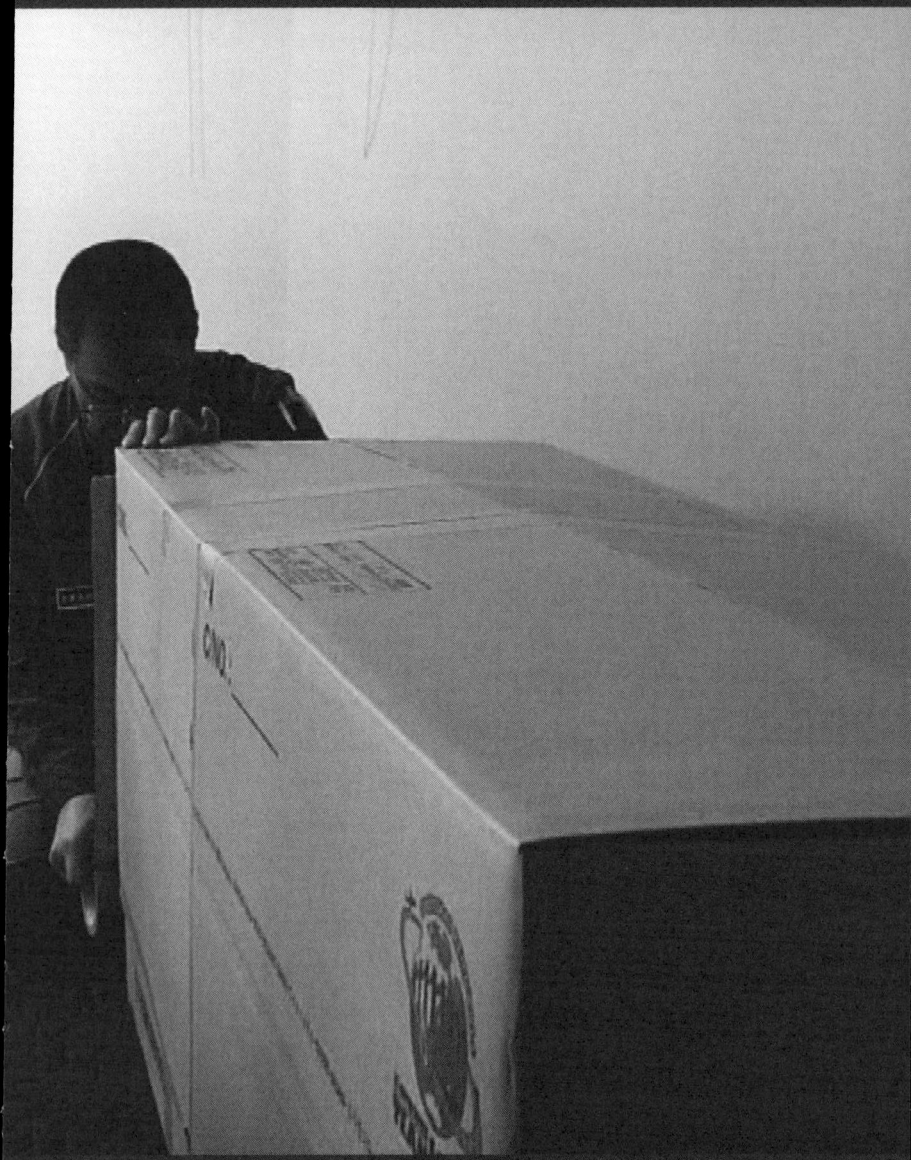

さまざまな規制にはばまれて、きわめてむずかしいといわれる海外への引っ越し。
専門知識と芸術的な梱包の技を駆使し、
その男は、1万を超える人々を世界に送りだしてきた。
わずか数時間の出会いでも、男はこう考える。
「新しい一歩をふみだすこの人のために、自分にできることはなんだろう」
性格は根っからのおせっかい。
そのおせっかいで、依頼者の不安を笑顔に変えてしまう。
若い頃は、未来に希望などないと思った。
現実から逃げる男に道を照らしたのは、さげすんでいた父。
その生き方にならい、陰口にも屈さず信念をつらぬいた。
いまも仕事をきわめたとは思っていない。
今日もどこかで、ただただまじめに、だれかの旅立ちをささえるだけだ。

✳海外引っ越しの「エキスパート」

「キューピーちゃんをめざすわね。髪の毛が薄くても、かわいいから」

「うるさいわ。うまく髪の毛のこるかな？」

妻にバリカンで髪を刈ってもらいながら、その人はしきりに鏡を気にしています。

「お父さんの頭、いつもどおりだね」

「なんでいつもてっぺんがとんがってるの？」

ふたりの娘に言われ、「なんでだろ？」と頭をつきだすと、「はげてるよ」と、つっこまれてしまいました。

女性ばかりに囲まれて家ではたじたじですが、仕事をしているときのその人は、まったくの別人です。

伊藤秀男さんは、大手運送会社につとめる引っ越し作業員。

日本から海外への引っ越しを専門に受けもち、入社以来25年、海外引っ越しひとすじに技をみがいてきました。

その仕事は、依頼主のもとに出向いて、家にあるものを荷づくりし、それを海外へと送りだすこと。かんたんに聞こえますが、海外引っ越しの作業は、日本国内の引っ越しとくらべ格段にむずかしいのです。

「今日のお客様は、インドネシアのジャカルタへ引っ越しされます」

朝、伊藤さんは作業をともにするメンバーを集めて、ミーティングをはじめました。スタッフは、伊藤さんをふくめて4人。大半は20代の若者です。

若いスタッフにとって、伊藤さんはとてもたよりになる先輩です。

会社の引っ越し作業員は１２００人いますが、中でも伊藤さんの技術はずばぬけています。社内に4人しかいない、優秀な技能をもつ「シニアエキスパート」のひとりで、年に４００件もの海外引っ越しを手がけています。

「おはようございます、よろしくお願いします」

この日伊藤さんたちが受けもった現場は、夫婦と子どもふたりが暮らす２ＬＤＫのマンションでした。

「このへんにあるものは、ほとんどジャカルタへもって行きます」
「はい、わかりました」
依頼主の説明を受けながら、伊藤さんはまず、各部屋にあるものを見て回りました。ジャカルタへ送るものはおよそ２０００点。そのすべてを1日で荷づくりし、運びださなければなりません。
「これはお米なんですけど」
未開封の大量の米をもっていきたいという男性に、伊藤さんはこう告げました。
「ジャカルタへもちこめるお米は、15キロが目安なんです」
実はこれが、海外引っ越しのむずかしさのひとつです。
海外への引っ越しには、さまざまな制限があります。国外へだす荷物は、相手の国にとって「輸入品」となるため、国ごとに、もちこめるものや重さが細かく決められています。伊藤さんはそうした知識を頭に入れているのです。
中でも最大の制限は、梱包（荷づくり）の道具です。
伊藤さんの会社では、運ぶものに応じた専用の梱包道具を開発しています。たとえば、器などの割れものは、中にスポンジがしかれたケースにしまいます。そうすれば、スポンジがクッションになって器が破損から守られます。

ソファーなどの家具をくるむ布や、薄型テレビを安定よく入れられる専用箱。こうした道具をつかえば、ものを守り、同時に荷づくりの手間もはぶけて便利です。

ところが海外引っ越しでは、それらの梱包道具をつかうことがゆるされません。つかえるのは段ボールと紙とエアクッション。さらにそれをとめる粘着テープだけ。用がすんだら、現地で捨てられるものにかぎられているのです。

伊藤さんたちは、さっそく荷づくりにとりかかりました。

器は一つひとつエアクッションや紙で包み、さらに段ボール箱に安定よくつめていきます。本棚はネジを外して解体し、まとめて段ボールで包みます。

つめ終えた箱をテープで厳重に封をし、伊藤さんは重さを量って、「10kg」と書きこみました。

「航空便は90キロまでって会社に言われているんですけど、だいじょうぶですか？」

依頼主が心配そうに聞きました。

海外引っ越しの多くは、つとめ先の都合による長期海外赴任です。おそらく、輸送代をはらう会社から、料金の高い航空便で送る荷物は90キロまでと決められているのでしょう。

「だいじょうぶです。おさまっております」

伊藤さんはすぐにこたえました。

海外引っ越しでは、荷物がかさばると費用が跳ね上がります。客の負担をおさえるために、できるだけコンパクトな梱包にしなければならないのも、むずかしさのひとつです。

伊藤さんは、ある棚をもち上げて数秒眺めると、カッターで段ボールを切り、箱をつくりはじめました。

「いちいち測らなくても、ぱっと見るだけで、ものの大きさがわかるようになるといいね。そうすると梱包していてむだがないよ」

それは、伊藤さんが、日頃から後輩に教えていることでした。

伊藤さんには、ものを見るだけで、そのサイズがわかる感覚がしみついています。

小さな棚を見て、ちょうどいいサイズの箱をつくる伊藤さん。

その上、それがおさまる過不足ない箱の大きさまで瞬時にわかるのです。

そこには、伊藤さんがつらぬくひとつの流儀がありました。

最小の手で、最大の効果

「シンプルかつがんじょうな梱包をしていこう」

伊藤さんは、いつも後輩にそう指導しています。

たとえばテレビを梱包するとき、伊藤さんは、段ボールを切ったり折ったりしてその場でテレビのサイズにぴったりの梱包道具をつくり上げてしまいます。

テレビの両脇には段ボールでつくった柱を差しこみ、テレビをがっちりと固定します。さらに最後の封を閉じるとき、伊藤さんは、ふたの下に1枚段ボールをしきました。でも、単純に2枚重ねにしたわけではないのです。

「段ボールは、一方方向にはすぐに折れちゃう。だから、そのままふたをすると、上からおせばかんたんに箱がつぶれちゃうんだよ。そこで、ふたをする前に逆目の段ボールを入れれば、ほら折れないだろ」

これも、伊藤さんが日頃から後輩に教えている技でした。

段ボールは、2枚の厚紙のあいだに波状の芯がはさまった素材ですが、実はその波の方向によって強度がちがいます。波に平行な方向には折れやすく、波に垂直な方向には折れにくいのです。

伊藤さんは、2枚の段ボールを、波が十字に交差するように重ねることで、段ボールの強度をさらに高めていたというわけです。

このような技をつかって伊藤さんは、大型テレビの梱包を、わずか8分で仕上げてしまいました。

■ 段ボールをつかったテレビの梱包

伊藤さんが考えた梱包のひとつ、薄型テレビの梱包。箱は、300キロの重みにもたえられる。

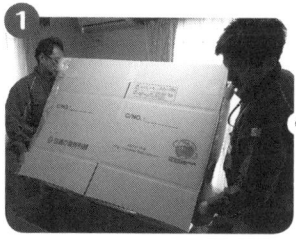

1 エアクッションで包んだテレビをうすめの段ボールに入れる。

2 コの字形に曲げた段ボールを柱にして、圧力にたえられるようにする。

3 ぐらつかないよう、段ボールだけで固定する。

4 段ボールの目を交差させてふたをつくる。

5 薄型テレビの梱包のでき上がり。

「すごいなぁ。おれたちなら20分はかかるね……」
「うん」
後輩のスタッフはその手際に、いつもびっくりしています。
伊藤さんがここまで厳重な梱包をするのには、わけがあります。海外引っ越しでは、荷物が現地の家に届くまで、どこでどんな衝撃がまち受けているかわかりません。これこそが、海外引っ越し最大の難点なのです。
飛行機での輸送はゆれ、船での輸送は現地の港まで数か月もかかります。日本のように道路が整備されていない国では、空港や港から届け先までに悪路が続くかもしれませんし、途中で荷物をあつかう人が、落としてしまうかもしれません。荷物を守るためには、伊藤さんたち引っ越し作業員が、厳重に梱包しなければならないのです。
伊藤さんの会社では、伊藤さんがおこなったテレビの梱包がどれほどの圧力にたえられるかを、専用の機械で計ってみたことがありました。その結果、たえられた圧力は３００キロを軽く超えていました。おとな5人の全体重がかかっても段ボールはつぶれずに、中のテレビは守られたのです。

伊藤さんはこのほかにも、包むものに応じた梱包のくふうを、いくつも生みだしてきました。それはいま、世界120都市でつかわれています。

＊＊＊

この日、伊藤さんは、千葉県にあるマンションを訪れました。

依頼主は、1か月前にドイツへの転勤が言いわたされた若い夫婦です。さっそく家の中のチェックをはじめた伊藤さんを見つめ、ふたりともひどく不安そうな顔をしています。突然の転勤に、荷物だけでなく気持ちの整理もまだつかずにいたのです。

「すみません。この部屋、ちょっとごちゃごちゃしてて」

そう言われて案内された部屋の一角に、自転車が2台おかれていました。

休日のサイクリングで仲を深め、昨年、結婚したばかりのふたりにとって、自転車は、とても大切なものでした。

「自転車は専用のボックスに入れないといけないので、これだけは自分たちで梱包します」
依頼主の夫婦は、伊藤さんにそう言いました。
「わかりました」
それから30分後。
伊藤さんは、スタッフとともに急ピッチで作業を進めていましたが、玄関で自転車を前に困惑している依頼主夫婦のほうをちらちらと気にしはじめました。
「おかしいな。だめだ。動かへんなぁ」
「かたいね」
夫婦のとまどう声が聞こえてきます。梱包するために自転車を解体しようとしているものの、なぜかうまくいかないようです。
伊藤さんは作業の手を止め、ふたりの手伝いに外へ出ていきました。
「だいじょうぶかな？　わたし、お手伝いしましょうか？」
「あははは。実は、ペダルが外れなくてですね」
「わたしがやってみましょう」

自転車の梱包を手伝う伊藤さん。

伊藤さんはしゃがみこむと、自転車のペダルを念入りに調べはじめました。

それは引っ越し作業員の仕事ではないと考える同業者も多いでしょう。でも、伊藤さんがめざすのは、ただたのまれたことをこなすだけの引っ越しではありません。

荷物だけでなく不安も片づける

これまで、1万を超える人たちを海外へ送りだしてきた伊藤さん。その人たちを見るうちに、こう感じるようになっていました。

「不安になるものだよな、知らないところに行くって。それがましてや海外だよ。

そんなとき、いちばん最初に相談に乗れる

のって、ぼくたちだ。おせっかいなんだけど、何か不安に思っていることがあれば全部おこたえしたい。それだけでひとつ安心してもらえるんだもの」

そのときです。

「あ、いけました」

かたかった自転車のペダルが、やっと外れました。

「ありがとうございます！」

「これで無事に運べますね」

これで自転車の件はひと安心です。ところが部屋へもどった伊藤さんは、さらなる〝おせっかい〟をはじめました。

依頼主の夫婦が事前に箱づめを終えていた食料品をすべてとりだし、一つひとつ食品の表示を見ながら、原材料のチェックをはじめたのです。

「ヨーロッパ向けは、食料品のもちこみがきびしいんですよ。ドイツでは、肉や乳製品、卵などのもちこみがいっさい禁じられています。肉エキスがふくまれる食品すらだめ。破ると罰金が科せられかねないんです」

依頼主が箱につめた食料品を、念のため点検する伊藤さん。

これも、本来なら引っ越す本人がすることです。けれど伊藤さんは、ふたりをほおっておけません。

「このカレールーも、ポークエキスが入っているからだめですね」

「ああ、そうだ。カレー外したつもりだったんですけど」

「すごいね」

ふたりは伊藤さんの知識に感心しています。

やがて、引っ越し作業がすべて終わりかけたとき、

「すみません、ちょっと相談してもいいですか？」

自転車の梱包をしていた夫婦が、伊藤さん

に声をかけました。
「これって、2個入るんですかね？」
事前に用意した自転車の梱包箱に、タイヤが2つおさまりそうもないのです。
「いや、入りませんね。もし箱がないならつくっちゃいますよ」
伊藤さんは見るなり即答しました。
「本当ですか！」
自分たちで梱包したいと願いでた大切な自転車。その宝物の梱包を、依頼主の夫婦は、ついに伊藤さんに託したのです。ダンボールを手際よく重ね、数分で自転車の梱包が終わりました。

それから1時間後、予定していたすべての作業が終わりました。
「では、お荷物をお預かりいたします。ありがとうございました。お気をつけて行ってらしてください」
「よろしくお願いします！」

玄関で伊藤さんが声をかけたとき、夫婦はすっかり笑顔になっていました。

✳尊敬できなかった父

今日は年末の仕事おさめです。伊藤さんは故郷の岩手に車を走らせました。

「おかえり」

雪の中、手をふってむかえてくれたのは、父の堅一さん。堅一さんは、かつて伊藤さんと同じ運送会社で、作業員として働いていました。親子で同じ会社です。しかし、伊藤さんは若い頃、お父さんと同じ道を歩もうとは思ってもいませんでした。

父の堅一さんは、農村の貧しい家庭に育ち、小学校にも満足にかよえませんでした。そのため読み書きは苦手。車の免許も取得できず、生涯、いち作業員として働きました。

伊藤さんは、もの心がつくと、そんな父をはずかしく思うようになりました。

「おやじなんて、学もないくせに……」
小ばかにするような気持ちがわき、父を尊敬する気持ちにはなれなかったのです。
おとなになった伊藤さんは、仕事を転々としました。自動車の販売、トラック運転手、何をやっても、自分の将来に希望がもてませんでした。
逃げるように仲間と飲み歩いてばかりいる息子を見かねて、堅一さんは、自分の上司にこうたのみました。
「息子を雇ってもらえないか」
それを知らされた伊藤さんは動揺しました。
(おやじが、自分のために頭を下げてくれた)
そして、父と同じ作業員の仕事をしてみることにしたのです。
働きはじめてみると、伊藤さんはあることにおどろきました。
「君のお父さんはすごいんだよ。いつも確実に仕事をこなすんだ」
「トラックの手入れから掃除まで、人がいやがる仕事も率先してやるんだよね。すごいよなあと思うよ」

まじめに仕事に向き合い、多くの人にたよられていた父堅一さん（写真右）。

学問も、特別な技術もない父親の評判を、職場のいたるところで耳にしたのです。ただただまじめに仕事に向き合う、そんな父をたよりにしている人が、自分の知らないところにこんなにいたのです。

「おやじ、すげえんだな……」

伊藤さんは、そう思いました。

「おやじ、いいな……。みんなにあんなふうに言ってもらえて。ぼくも、おやじのようになりたい」

自然とそう思うようになったのです。

伊藤さんは、父とは別の、海外引っ越しの部署の所属になりました。

当時、海外への引っ越しは件数がまだ少な

く、梱包の技術も確立されていませんでした。そのため、日本から送りだした荷物が輸送の途中でこわれることも多く、トラブルや苦情が続出していました。

「そんなクレームつけられてもどうしようもないよ。外国の道路が整備されてないのは、どうにもできないもん」

同僚はそう言いました。でも伊藤さんはそうは思えませんでした。

（トラブルや不安をなんとかしてへらすことが、ぼくらの仕事なんじゃないかな）

伊藤さんは、休日になると家電の店や百貨店をめぐり、どんなものが家庭にあるのか、新しい商品を見て回りました。

とくに家電は、サイズが大きくなったり、小さくなったり、時代によって流行が変わります。どんどんうすくなるテレビを見ては、「これは、梱包でどうやってささえたらいいんだろう？」と考えました。

サイズはもちろん、その構造まで知識をとり入れ、そのような家電をどう梱包すればこわさずに引っ越し先まで届けられるのかを、伊藤さんはつねに考えました。そして夜遅くまで梱包の腕をみがいたのです。

最新の家電製品のチェックは、いまでもおこたらない。

さらに、外国の文化や最新の情勢などを学びました。そして、仕事の現場では、依頼主と積極的に話をし、どんなことを不安に思っているのか、引っ越しに関係のないことでも相談に乗りはじめました。

「伊藤のせいで、よけいな仕事が増えて、たまんないよ」

同僚たちは陰口をたたきました。それを知っても、伊藤さんはやめようとはしません。

「おやじのようになるんだ。ただただまじめに、仕事に向き合うだけだ」

そんな強い思いがあったからです。

そんな仕事への向き合い方を1年2年と続けるうち、ある変化がおこりました。トラブルやクレームの数が、じょじょにへりはじめたのです。
すると、あんなにいやがっていた同僚も、伊藤さんのやり方に賛同するようになってきました。
伊藤さんはいまも、引っ越しの仕事をきわめたなどとは思っていません。
「ただただまじめに、おやじのように目の前の仕事をまっとうするだけ」
そう思って、今日も引っ越しの現場に向かい、休日は家電量販店がよいを続けています。

✳できるかぎりのことをしたい

「今回の引っ越しは、ブラジルかあ」
会社で資料に目をとおす伊藤さんの表情に、いつもより少しばかり緊張感が見えます。日本から1万8000キロはなれたブラジルは、引っ越しでもちこめるものの制限がとくにきびしい国です。船での輸送は2か月もかかり、そのあと劣悪な道路をとおるため、ほかの国よりさらに厳重に梱包しなければなりません。
そして、今回引っ越しをする人は、おそらく不安ととまどいでいっぱいだろうと、伊藤さんは想像していたのです。

「おはようございます」
引っ越し作業初日、後輩のスタッフたちを連れた伊藤さんは、玄関先で依頼主とあいさつをかわします。依頼主は、ふたりの子どもをかかえた女性でした。
「海外なんて、旅行でも行ったことがないんです。なんだかもう、全然わからないんですよ」
夫は仕事の都合でひと足先にブラジルへ旅立っていました。妻が日本にひとりでのこっていたのは、出産をひかえていたため。5歳の長男をかかえ、生まれた赤ちゃんもまだ10か月なのに、ひとりで引っ越しの準備をしていたのです。
「だいじょうぶです。おまかせください」
「よろしくお願いします。それと、11時から12時すぎまでは長男の終業式で留守にしますので」
子育て真っ最中の女性には、引っ越しどころではないいそがしさです。
「うかがっております。そのあいだは、お母様がいてくださるそうですね」
「はい、細かいことまではわからないと思うのですが」
「わからないものがあれば保留にしておいて、ほかの、わかるものを進めておきます」
作業をはじめた伊藤さんは、スタッフにいつもとちがう指示をだしました。
「午前中はこのテーブルはのこすから。これは午後になったら運びだすね」
ふだんなら大きな家具を先に運びだし、作業スペースを確保しています。けれど今回は、大きなテーブルをあと回しにすることにしました。
「テーブルがなくなっちゃうと、お客様が座っていられる場所がなくなっちゃうからね」
「わかりました」
伊藤さんらしい思いやりに、スタッフもすぐに理解しました。

それからはいつものように、手際よく梱包を進め、荷物を運びだしていきます。今回の引っ越し作業は2日がかり。家の中の荷物がへってくるにつれ、依頼主の女性の表情は少しやわらいできました。

「よかった、だいじょうぶそうで。心配してたんですが、へってきたらちょっとほっとしてきました」

「安心してくださいね。本日は洗濯機を梱包したら終了にして、のこりは明日にいたします」

家具や電化製品などは、ブラジルへもっていくもののほかに、国内の実家やトランクルームに預けるものがあります。洗濯機は、将来帰国したときすぐにつかえるよう、トランクルームに預けるものでした。

初日の作業が終わりかけたとき、伊藤さんが異変に気づきました。洗濯機が水もれしていたのです。伊藤さんは依頼主にそのことを伝え、外にだした洗濯機をかたむけます。すると、底から原因不明の水がでてきました。

依頼主の顔が、また心配でくもってしまいました。

「こんな状態のままトランクルームに保管すると、ほかの荷物にカビがはえてしまいますか？」

不安げな顔で、依頼主が伊藤さんにたずねます。

「うーん。原因がわからないですし、水も止まるかもしれません。一度ぼくのほうでようすを見て、ご相談させていただいていいですか」

伊藤さんは、洗濯機をほかの荷物といっしょに運びだし、会社へもち帰りました。

会社にもどった伊藤さんは、すぐに洗濯機を下ろして点検しはじめました。すると、やはり水がでてきます。

「うわー、けっこうでるな。なんだろう、この水」

使用できないわけではないものの、このままではトランクルームに預けるのはむずかしそうです。電話で状況を伝えると、依頼主の女性はこう言いました。

「保管はあきらめます。処分をするしかないと思います。処分をお願いします」

でも伊藤さんは、ぎりぎりまでねばりたいと考えていました。

「ひと晩こちらにおかせていただいて、水の出が落ち着くか見てもいいですか？」

依頼主のために自分たちにできることはないか……。

会社としては、処分をするかどうか早く決めたほうが手間がかかりません。依頼主も処分することに納得しています。「それでも」と、伊藤さんは思っていました。

「本当にそれでいいのか」と、自分に問いかけていたのです。

一期一会の、応援者

これは、自分たち引っ越し作業員があれこれ言う問題ではないと、伊藤さんもわかっていました。でも、

（このままでいいのか……。引っ越しは、新たな生活をはじめる前のスタートになる。できるかぎり気持ちよくしてさしあげたい……）

伊藤さんに、そんな思いがよぎっていたのです。

引っ越し作業の2日目。伊藤さんは、依頼主の女性に会うと、洗濯機の件を報告しました。

「今朝見たところ、全部水がぬけたというか、下に落ちるような状態ではなかったんですね」

「そうですか……」

「それで、昨日気になったので、インターネットで調べてみたんですけど……」

なんと伊藤さんは、夜のあいだに洗濯機の内部に水がたまった原因まで調べていたのです。

「あの機種の場合、糸くずフィルターってあるじゃないですか。その部分をとりかえていただければ、そのままつかえるんじゃないかなと思うんです。なので、トランクルームに保管しておきましょうか？」

「……はい。じゃあトランクルームでお願いします」

伊藤さんの〝おせっかい〟が、依頼主の不安を吹き飛ばしたようです。

「買いかえるっていっても、新しい洗濯機がくるまで洗濯ができなくなってしまうし、多少不具合があっても帰ってきてすぐにつかえたほうがいいので、保管ができてよかったです！」

のこる荷物もあとわずか。そのとき、依頼主の女性の友人が子どもを連れてお別れを言いにきました。

「わたしは泣かないわ」

「あはははは」

子どもたちは、空っぽになったおし入れに入ってはしゃぎ、おとなたちはおしゃべりに花が咲きます。

笑い声の中心にいる依頼主は、すっかり表情がなごんでいました。

そのにぎやかな声を聞いて、となりの部屋で最後の梱包を仕上げていた伊藤さんにも、自然と笑みが浮かびます。

「お気をつけて行ってらしてください。ありがとうございました」
作業を終え、深々と頭を下げる伊藤さん。
「ありがとうございました」
依頼主は笑顔で伊藤さんにお礼を言います。
玄関の戸を閉め、「おつかれ様」とスタッフに声をかけて、トラックへ乗りこみました。
「いよいよなんだな。自分のことじゃないけど、そう思うよね」
明日もまた、旅立ちを控えた見知らぬだれかが、伊藤さんの応援をまっています。

プロフェッショナルとは

その経験をすべてかみくだいて、
次の作業に生かせる人。
その経験をもとに、すべてのお客様に
安心感をあたえられることができる人
だと思っています。

第291回2016年4月4日放送

こんなところがプロフェッショナル！

制限が多い海外の引っ越しを日々こなしている伊藤秀男さん。こんなところがすごいよ！

入社して25年、出勤は始発電車

ぎりぎりに行くのが好きじゃないと、夜明け前に家を出る伊藤さん。入社して25年、ずっと始発電車で出勤しています。始業1時間前に会社に行き、その日におこなう引っ越しの資料を見たり、作業を見直したりするのです。

引っ越しとは関係ないことも手伝う

粗大ごみをだすことに協力したり、不具合をおこした家電製品の修理方法をアドバイスしたり、直接引っ越しとは関係のないこともお手伝いします。

いつもメジャーをもち歩く

休日は家電製品売り場などを歩いて最新の家電を研究する伊藤さん。売り場にくるときは、いつもメジャーをもち歩き、新しい製品の大きさや構造を頭に入れています。

ほかでは断られるものでも、梱包を可能にする

精密機器や割れものなど、ほかの会社で断られがちなものでも、伊藤さんは梱包してしまいます。ドレスのレースの厚さが1ミリという陶磁器の人形も、じっと見つめて、固定する箱をつくりだしてしまうのです。

プロフェッショナルの格言

引っ越しのエキスパート、伊藤秀男さんのことばを心にきざもう。

極力気持ちよくしてさしあげたい

本来引っ越し業者がやるべきではないようなことも、できることはすべてやる伊藤さん。依頼主の新たな生活のスタートを、極力気持ちよくさせてあげたい……。そんな気持ちで作業をしています。

ただただまじめに、仕事に向き合う

どんなにむずかしい注文でも、自分たちができる最善の手をつくす。目の前の仕事をただただまじめにまっとうしていくだけ。伊藤さんは、つねにそう思って仕事をしています。

不安に思っていることは全部おこたえしちゃおうかな

「基本的にはおせっかいなんです」と言う伊藤さん。たのまれたことだけをやる引っ越し業者ではなく、お客さんの立場で考えて、引っ越しの不安をとりのぞける引っ越し業者でありたいと考えています。

心をこめて、あたり前の日常を…

ビル清掃

新津春子

JATEC

世界でもトップクラスの清潔さを誇る、東京・羽田空港。
ロビーの天井から便器の裏まで、徹底的にみがき上げるのは、
総勢500人の清掃スタッフだ。
その500人のスタッフを率いて指導しているのが、
日本一の清掃員といわれる、ひとりの女性。
「わたしはこの仕事が好き！」
そう言って胸をはる、輝くような笑顔の陰には、
いじめや社会の冷たい視線にうつむいた日々がある。
わたしの居場所はどこ？　わたしの何がいけないの？
清掃の仕事についたのは、しかたなく。
技術さえあればそれでいいと思っていた。
そんな彼女を、ある出会いが変えていく。
彼女が手にしたゆるぎない信念とは……。

✳羽田空港のスタッフを指導

1日20万人もの人が利用する東京国際空港。通称「羽田空港」。面積は、東京ドーム約17個分の約78万平方メートル。利用者も日本一を誇る巨大空港です。

早朝6時半、ひとりの女性が、最寄りの駅の改札から姿をあらわしました。

人々の足がエスカレーターへと向かう中、女性はひとり、その脇の50段を超える階段を上りはじめます。

女性の名は新津春子さん。

羽田空港で働く総勢500人の清掃スタッフを率いるリーダーとして、彼らの指導をおこなっています。エスカレーターをつかわず階段を上るのは、仕事前のウォーミングアップのためです。

空港は朝から大いそがし。

新津さんの一日は、よごれのチェックからはじまります。ロビー、トイレ、喫煙コーナー、子どもが遊ぶキッズコーナーやコインロッカー。天井、照明、床、壁、人々が出入りするたくさんのドア……。

空港内のよごれのチェックは、一度きりではありません。日になんども見回りをおこない、あらゆる場所に気を配ります。

そうして、落とすのがむずかしいよごれを見つけると、新津さんは自ら取り組みます。

清掃の、「職人」であれ

「あっ、ここ。カルキがついてる。黒ずんでるなぁ……」

新津さんが気になったのは、ロビーにおかれた冷水器のよごれでした。人々が水を飲むために利用する設備です。きれいに見えますが、よく見ると水の受け皿の表面がくすみ、油よごれが虹色に光っていました。

よごれの原因は、空気中をただようほこりや水道水にふくまれるミネラル分。そして人が水を飲んだときに落ちる口の中の油分などです。それらがこびりついて、くすみや光になっているのです。

（このよごれ、落とすのがとてもむずかしいんだよね。全部とれるかな……）

新津さんは事務所へもどると、洗剤を選びはじめました。

よごれの種類によって新津さんがつかい分ける洗剤は80種類を超えます。棚に並んだ洗剤のラベルを見ながら新津さんは考えました。

「カルキを落とす洗剤は、これ。あと、色が変わっていたのは油よごれだから、たぶんこれでとれるんじゃないか……」

2種類の洗剤を道具といっしょにかごに入れ、新津さんは現場へもどりました。

まずつかうのは弱いアルカリ洗剤です。水でうすめ、それをスポンジにふくませると、やさしくなでるようにして油よごれをとりのぞいていきます。

それをすすぐと、こんどは強い酸性洗剤をつかって、こびりついたミネラル分などを落としはじめました。

冷水器につかわれているステンレスは、酸性洗剤に弱い素材です。酸性の洗剤をつかうと、ステンレスの色が変わり、ツヤがなくなってしまうのです。

しかし、そんな洗剤もうまくつかえばよごれが落ちてツヤがでます。新津さんが

■ 新津さんのよごれの落とし方

清掃のプロの新津さんは、よごれの性質を見きわめ、それぞれに適した洗剤や道具をつかうことで、よけいな手間をかけずによごれを落とすことができます。

●風呂場のタイルのカビ

皮脂や角質が原因の、風呂場のカビ。ある程度のカビであれば、お酢の殺菌作用で落とすことができます。お酢を水で3倍から4倍にうすめ、ティッシュをかぶせた上から霧吹きして10分ほどつけ置き。最後は水で流せばOK！

●蛇口のうろこ状にくもったよごれ

研磨剤入りのやわらかいパットと食器洗い用の洗剤で、表面をいためないように軽くなでていきます。最後に研磨剤入りの洗剤でひとふきすると、よりピカピカに！ 鏡についているよごれにも応用できます。

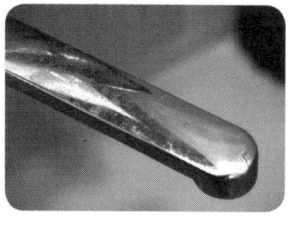

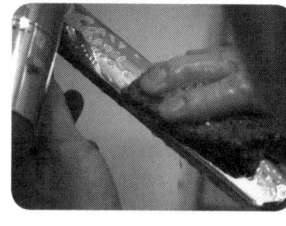

ねらうのは、その境目です。濃い酸性洗剤が10秒以上同じ場所にとどまらないよう、新津さんは手の動きを止めません。洗剤が乾かないようにスプレーでこまめに水をかけながら、しつこいよごれを丹念に落としていきます。

新人のスタッフは、そんなようすを見ると、だれもがこう言います。

「よごれを落とすなら、洗剤や道具で力いっぱいこすればいいのでは？」

けれど新津さんは、「それでいいの？」とこたえます。

「傷になってしまったら意味がない。材質に対してやさしく清掃してあげれば、その素材がもともともっているツヤや姿がでてくるからね」

新津さんは受け皿の裏側も清掃をはじめました。そこは、つかう人の目にはまったくふれない部分。けれど新津さんは、表側と同じくらいきめ細かく、こびりついたよごれをとりのぞいていきました。

「うわー、できちゃった。よかった！」

よごれと向き合って2時間。仕上げの乾ぶきをすませると、冷水器はまばゆいばかりの輝きをとりもどしました。

冷水器のよごれと真剣に向き合う新津さん。

「ほら、これなら水がおいしそうに見えるでしょう。やったあ！」

真剣な表情とは打って変わって、新津さんは少女のような笑顔を見せました。

新津さんが清掃の職についたのは、まだ17歳の頃です。以来、47歳になる今日まで、ずっと清掃員という仕事を続けてきました。

よごれを落としてきれいにするためなら、新津さんは、どんな手間もいといません。彼女は自分の仕事を、こう考えているのです。

「わたし、清掃は、職人の仕事と思っているから。自分がやっていることは、職人ですって思ってるの」

トイレの便器の清掃では、棒に布をかけて細いすき間のよごれもぬぐい、便座の裏側の見えない部分まで、小さな鏡を当ててよごれの有無をチェックします。

熱心に向き合いはじめたのは、洗面台の脇にある、洗った手を乾かすハンドドライヤー。新津さんは排水口へ細長いブラシを入れて、ていねいにこすりはじめました。そのブラシは、手の届かない部分につかいやすいようにと、新津さん自ら開発にたずさわったものです。

彼女の仕事を見つめる後輩に、新津さんはこう教えます。

「排水口はね、人の手の脂がついて雑菌が増えやすい場所なの。雑菌のにおいがでてくると、トイレの空間全体にもいやなにおいがしてしまうでしょう。清掃って、ただ掃除をすればいいんじゃなくて、気づいたことを全部やる気配りが必要なの」

見えない部分やにおいにこそ気を配る。それが新津さんの清掃に対する姿勢なのです。

空港ロビーにもどった新津さんは、こんどは長いモップで床をふきはじめました。ときおり姿勢を低くして、床のよごれに目をこらします。

「ごみは落ちてないですね」
後輩のことばに、新津さんは首をふりました。
「きれいに見えても、人が歩くたびにまい上がるほこりは、アレルギーの原因にもなるの。床は、小さな子がはったり寝転んだりして遊ぶことがあるでしょう。お子さんは体力が弱い。そういうことを考えなくちゃ」
新津さんはくもった部分を見つけると、そこへ歩み寄りました。そしてしゃがんで、手で床にふれます。
「ほらやっぱり。ほこりがたまってる」
そして新津さんは、ていねいにその場のほこりをふきとりました。
「わたしたちが毎日ていねいに清掃をやっていけば、お客様も注意して、無造作にごみを捨てにくくなると思う。そうなると、わたしたちももっときれいにしようっていう気持ちが強くなる。そうやってきれいさが維持できたら、いちばんよね！」
たくさんの人が行きかう空港で、お客さんのじゃまにならないよう気を配りながら、新津さんはどんな小さなよごれも絶対にゆるがせにはしません。そうして巨大な空港ターミナルの〝清潔〟を守り続けているのです。

清掃こそわたしの「居場所」

「ご飯食べようかね」

昼休み、新津さんはいつも同僚といっしょにご飯を食べます。この日さそったのは、体調をくずしてしばらく現場をはなれていた仲間でした。

「また出勤してくれて、本当に助かりました」

「いやあ、だいぶローテーションに迷惑かけたからさ……」

と仲間が言えば、

「そんなことないよ。おたがい様。現場のみんなが会いたがってた。でてきてよかった！」

と新津さんは笑顔で返します。

大勢のスタッフをまとめる新津さんですが、いばったところはまったくありません。17歳の若さから清掃の仕事を続けてきた陰には、たえぬいてきた苦労の多い半生がありました。

新津春子さんは、1970年、中国の瀋陽で生まれました。瀋陽は、中国の東北部にある、遼寧省の州都。冬には気温がマイナス10度を下回る都市です。かつては旧満州の奉天とよばれていました。

新津さんのお父さんは、第二次世界大戦のとき、旧満州にとりのこされた「中国残留日本人孤児」でした。赤ちゃんの頃に中国人の養父母にひきとられて育ち、中国人女性と出会って結婚。春子さんが生まれたのです。

父親が日本人だといううわさが広まると、小学生だった新津さんは、日本人というだけで学校でいじめを受けるようになりました。

「日本人は帰れ！」

同級生からそう言われ、石を投げられたこともあります。

（何も悪いことしてないのに、なんでわたし、いじめられないといけないの？）

悲しくてたまりませんでしたが、親に言うこともできません。

「このまま永遠にいじめられるのかな……」

うつむいていた新津さんに、17歳のとき、希望の光がさします。家族で、日本へ移り住むことになったのです。

「日本で暮らせば、もういじめられない」

新津さんは期待に胸をふくらませました。ところが、

「中国人は帰れ！」

アルバイト先で、新津さんは再び心ないことばを投げつけられ、いじめられるようになりました。

「中国にいるときは『日本人だ』、日本へきたら『中国人だ』って。わたしは自分じゃないの？　わたしはいったい何？」

つらかったのはそれだけではありませんでした。来日当初、新津さんの両親は、すぐには決まった仕事が見つからず、一家の生活は貧しく、とてもきびしかったのです。

新津さんも、生活費を稼ぐために高校へかよいながら仕事を探しました。けれど、

日本語が苦手な人を雇ってくれる仕事場は見つかりません。ことばがわからなくても、見よう見まねでなんとかできる、唯一の仕事が清掃員でした。

ところが、トイレやビルの清掃をしながら、「どうぞ」と利用者に声をかけても、相手は返事をしません。それどころか、新津さんを見もしなかったのです。

「ああ、わたしのこと、まったく目に入ってないのね……。清掃の仕事って、中国でも社会の中でレベルが低かったけれど、日本でもいっしょなんだ……」

自分の存在をみとめてくれる人がいない。居場所もない。

「わたしは何に心を寄せて生きていけばいいのだろう……」

社会から向けられる視線の冷たさに、言いようのない思いがこみ上げてきます。

新津さんはそれでも、お金を稼ぐために懸命に働きました。

そうして23歳のとき、清掃員として働きはじめた羽田空港で、運命を変えるひとりの人と出会ったのです。

✳心をこめるということ

その人は、鈴木優さん。

新津さんの上司となった鈴木さんは、よごれや洗剤のことでわからないことはないといわれる、清掃業界のエキスパートでした。

新津さんは、鈴木さんの指導を受けるうち、清掃という仕事におもしろさを感じはじめます。そしていつしか、こう思うようになったのです。

「自分にはこの仕事しかない。ならば、清掃をきわめてみよう！」

でも、いくらがんばって技術をみがいても、鈴木さんは新津さんの仕事ぶりをほめてくれません。

かけることばはいつも同じ。

「もっと、心をこめなさい」

（心と言われても……）

新津さんは、鈴木さんに言い返しました。

鈴木優さん（右から２番目）と新津さん（前列右）。

「それは、見えないものなんですけど」

こんなにがんばっているのに、なんでみとめてくれないの！　わたしの何がいけないの！

新津さんにはわかりませんでした。

こたえを教えてもらえないまま、がむしゃらに学び続けて3年がすぎたとき、新津さんは、鈴木さんからこんなさそいを受けました。

「全国の清掃員が腕を競う、技能選手権へでてみないか？」

それは、「全国ビルクリーニング技能競技会」でした。全国から選出されたビル清掃のプロたちが、床のクリーニングの技術と能力を競って最強王者を決める大会です。

■ これが、全国ビルクリーニング技能競技会！

全国ビルメンテナンス協会が2年に1度開催するイベント。全国の数万人いる技能士を代表して、9地区18人が、机といすのおかれた4×5mのスペースで、洗浄とワックスがけの技能を競う。

❶ ダスターでゴミをとりのぞく。

❷ ポリッシャーで床面を洗う。

❸ バキュームで洗浄液をとりのぞく。

❹ モップで2回ふきあげ、乾燥機で乾かす。

❺ ワックスをぬり、送風機で乾燥させるなどのできばえを競う。

東京地区予選の日、腕に自信のあった新津さんは、自分は絶対に1位で通過できると思っていました。

ところが、結果は2位。全国大会にはでられるけれど、新津さんは納得がいきません。

「いったい自分に何が足りないっていうんだろう」

すっかり落ちこんでいたある日、鈴木さんは新津さんの清掃の手を止めさせ、こう言ったのです。

「心に余裕がなければ、いい清掃はできませんよ」

新津さんは、そのことばにはっとしました。

「余裕がないと、相手にやさしさがだせないでしょう。自分はきれいに清掃した。それではただの自己満足です。じゃあ、だれが判断をするの？　お客さんは、そんな清掃をきれいだと思いますか？」

そのことばに、鈴木さんから言われ続けてきた「心をこめる」という意味が、はじめてわかった気がしたのです。

清掃は、やさしさ

それまで新津さんは、「担当している場所さえきれいにできれば、それでいい」と思っていました。自分のペースで効率的に仕事をすることばかり考え、そのためには、お客さんをじゃまだと感じたことさえあったのです。

でも、それはまちがっていたと新津さんは気づきました。

「清掃でだいじなのは清掃のテクニックだけじゃない。その場を利用する人を思いやることなんだ！」

利用者のじゃまにならないようにふるまい、人の見えない場所のよごれやにおいにまで気を配る思いやりがだいじなんだと気づかされたのです。

それから2か月、新津さんは、鈴木さんと特訓を重ねました。やがてのぞんだ技能競技会の全国大会。新津さんはみごと優勝し、日本一に輝きました。

この優勝を一刻も早く知らせるため、鈴木さんに電話をすると、返ってきたのは意外なことばでした。

「優勝するのは、わかっていましたよ。そこまでがんばってやっていること、わかっていたから」

思いもしなかった鈴木さんのことばに、新津さんは涙をおさえることができませんでした。

生まれてはじめて本当に人にみとめられた。それも、みとめて欲しいと願い続けた鈴木さんに、ほめてもらったのです。

それから間もなく、新津さんは、ひとつの変化に気づきました。

心をこめて清掃をするようになったら、その場を利用する人からことばがかけられるようになったのです。

「ごくろうさま」「きれいですね」と。

「大切なのはやさしい気持ち。心をこめないと、きれいにできない。心をこめれば、いろんなことも思いつく。つかう人のためにどこまでできるかということをいつも考えて、心をこめてやっていこう！」

見た目のきれいさだけではなく、ロビーで座りこんでしまう子どもを思いやるように、安心や安全まで気を配って清掃に向き合う新津さん。これが、彼女の大切にしている流儀です。

新津さんは、ようやく見つけました。

これしかできずにはじめた仕事でしたが、清掃こそが、新津さんがずっと探し求めてきた「自分の居場所」だったのです。

新津さんの運命を変えた恩師鈴木優さんは、すでに亡くなりました。

新津さんはその遺志を受け継いで、後輩の清掃員たちの指導に当たっています。

やさしく、ときにきびしく指導する中で、新津さんは、命令にしたがってやるのではなく、本人がどう感じたかを大切にしています。

「感じたことを、心をこめてやってくれれば、いちばんうれしい。わたしが10個教えて、後輩たちが1個でもおぼえてくれたら、それだけでうれしい」

そして、いつもそばに鈴木さんを感じています。

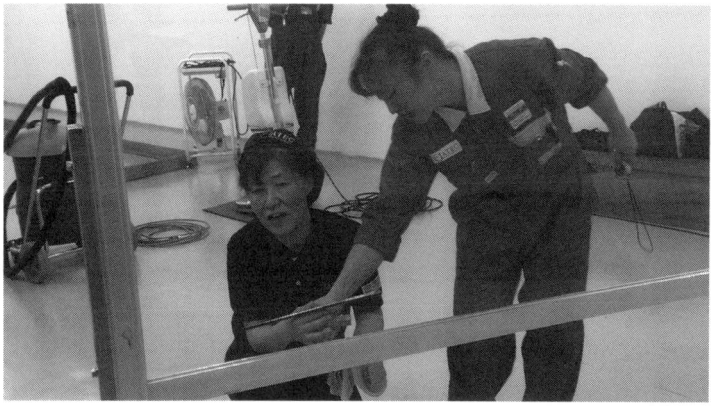

社内には、資格試験の練習用のコートが設置されている。

「鈴木さんは、わたしの心の中にいる。守ってくれていると思う。たぶん、『まだがんばれよ！』って言っていると思うの」

新津さんたち清掃スタッフの努力で、羽田空港は国際的な評価を受け、世界一清潔な空港の座を、2年連続で受賞したのです。

＊＊＊

「閉館いたします。どうぞご了承ください」

空港内にアナウンスがひびいた深夜。

静まり返ったロビーに、脚立に乗って天井のほこりをはらう、新津さんの姿がありました。今日は、月に2度ほど担当する夜間清掃の日。利用者のいる日中にはできない場所を、徹底的に清掃するのです。

「オッケー」

天井の清掃を終えると、新津さんはある場所へと向かいました。

そこは多目的トイレ。体の不自由な人や高齢者、子ども連れの人などに便利な、設備のととのった広いトイレです。

担当スタッフから「どうしてもよごれが落ちない」と、報告が上がっていたのです。

「床のよごれがまだらになっているね。全体に黒ずんでる」

トイレは、空港の中でも多くの人が利用し、よごれやすい場所です。清掃員にとっては最大の難所ですが、中でも多目的トイレは、一般のトイレとようすがちがい、さらにむずかしいのです。

一般のトイレの床は平らですが、多目的トイレの床は、安全につかえるように、細かな凹凸がほどこされて、足がすべりにくくできています。そのすき間に、よごれが黒ずみとなってこびりついてしまうのです。

担当者が音を上げたそのよごれに、新津さんは、今夜ひとりで向き合うと決めていました。ひとつのアイデアがあったのです。

「たぶん、これが向いているんじゃないかな……」

とりだしたのは、とても細かい毛がついた、清掃用のパッドでした。目の不自由な人を誘導する点字ブロックの清掃につかっていたものを、応用できるのではないかと考えました。

「実験してみよう。どうかな」

深夜1時半、新津さんは作業をはじめました。まず、弱いアルカリ洗剤をモップにふくませ、床全体に塗っていきます。強い洗剤をつかうと、床の補修につかわれているパテまでがとれてしまうからです。

次に、ポリッシャーとよばれる機械をセットしはじめました。ポリッシャーは、モーターの力で円形のブラシなどを回転させて、床をみがく機械です。そこに、先ほどの毛のついたパッドを装着することにしました。

スイッチを入れると、ポリッシャーはなめらかに動いて、洗剤の塗られた床をみがきはじめました。

「おー、すごーい！　いいかも、いいかも！　オッケー！」

新津さんは、読みが当たって大喜び。思わず声を上げました。機械の動きも安定し、床のよごれはみるみる落ちて、よごれがまざった黒い泡が、脇へとおしだされていきます。

「だいじょうぶみたい！　よかった！」

床の色は先ほどまでとは大ちがい。みごとに本来の色をとりもどしました。

ところが新津さんは、まだ仕事をやめません。床の清掃をしながら、壁についた1本の線のような黒いよごれに、気がついていたのです。よごれのプロの新津さんが見ても、なんのよ

■ 新津さんがくふうしたパッドつきポリッシャー

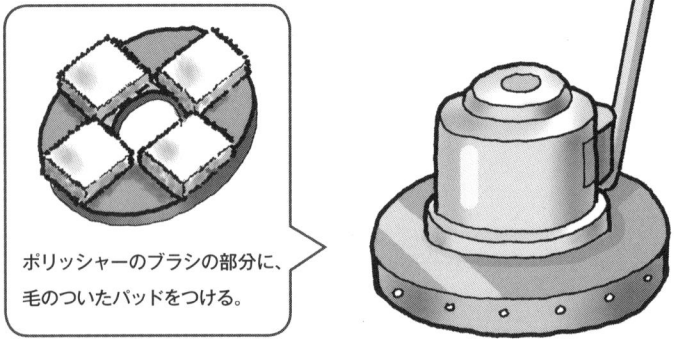

新津春子

ごれか原因がわかりません。

時刻は午前3時。朝、空港が開くまで、あと2時間しかありません。新津さんはそれでも、腰をすえてこのよごれと向き合うことにしました。

「落ちていないね。壁紙がざらざらだから、洗剤がなかなか入っていかないなぁ」

洗剤や道具を変えながら、たったひとつのよごれを、地道にこすり続けます。

「できないなんて、くやしい。掃除屋だもん！」

流しの下のきゅうくつな場所で、しゃがんだ姿勢のまま、新津さんは自分に言い聞かせるように小声でつぶやきながら、手をけっして止めません。

「もう少し。がんばって」

「もうちょっと落ちてくれないかな」

そんな新津さんにこたえるように、少しずつ、少しずつ、ゆっくり、ゆっくり、よごれが小さくなっていきます。たゆまず手を動かしながら、新津さんの頭の中には、ひとつの思いしかありませんでした。

「このトイレきれい」「この空港きれい」と、お客さんに気持ちよく利用してもらうこと。

この場所の清掃をだれがしたかなんて、新津さんにとって問題ではないのです。新津さんにとって仕事の現場は、「自分の家」と同じです。訪れる人を、心をこめてもてなしたい。この場所をつかう人々にあたり前の日常を届けたい。清潔であることは、おもてなしの基本です。新津さんは、いつもそのことに全力をつくしているのです。

「想いが……通じればね……」

朝4時すぎ。新津さんはていねいに壁を乾ぶきし、やっと立ち上がりました。

「よかった！　終わった！」

ついに、最後のよごれを落としきりました。

「あとはお客様の判断。朝いちばんのお客様がドアをあけたとたんに、『えっ！』とおどろいていただけたらいいな！」

朝6時半、夜勤を終えた新津さんは、最後に空港をもうひと回りしました。

心をこめて、あたり前の日常を…

新津春子

写真：日本空港テクノ株式会社

「お客様に気持ちよくつかってもらえたらいいな」

出発ロビーから外へ出ると、東の空に朝日が輝いています。

「まぶしい」

思わず手をかざして目をつぶりましたが、その目はすぐに、出入り口付近の路上へと向けられました。

「あ、ごみ」

と拾った紙くずは、指の腹にかくれるほどの小さなもの。それでも、新津さんはけっして見のがしません。

かがんで、またかがんで、ひとつずつごみを拾っていく新津さんの脇を、バスや車からおりた人たちが、足早にターミナルの中へと入っていきます。

「空港を訪れた人に、いい日でありますように、と願っています。幸せな一日になると思いますよ！」

新津さんは、満面の笑顔でそう言うと、また歩きはじめました。右を見て、左を見て、足元を見て、よごれはないかと気にかけながら。

世界一清潔な空港で、今日もまた、あたり前の日常がはじまろうとしています。

プロフェッショナルとは

目標をもって日々努力し、
どんな仕事でも、
心をこめてできる人だと思います。

第266回2015年6月1日放送

こんなところがプロフェッショナル！

清掃の仕事をつきつめた新津春子さん。
こんなところがすごいよ。

「環境マイスター」という肩書き

新津さんは現在、社内でただひとりの「環境マイスター」という立場で活動しています。清掃スタッフへの清掃に関する心のこもった技術指導や後継者の育成、ハウスクリーニング協会の講師などもおこない、清掃業界のために力をつくしています。職人を超えた〝匠〟という意味の「マイスター」ということばは、清掃のことを知りつくした新津さんにぴったりです。

ご飯は、仲間といっしょ！

昼休みにはいつも、同僚といっしょにご飯を食べるようにしています。仕事中のお客さんへの気配りだけでなく、休憩時間に仕事仲間も気づかう新津さんの姿勢は、まさにプロフェッショナル！

朝・昼・夜の体力づくり

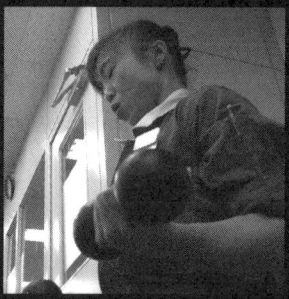

清掃という力仕事をこなすためには、毎日の体力づくりが欠かせません。小がらで細身な新津さんは、5キロの鉄アレイをふたつつかって、1日3回、20分以上のトレーニングをしています。

80種類以上の洗剤・50種類もの道具！

どんなよごれでもきれいに落とすだけではなく、素材を長持ちさせるために、多種多様な80種類以上の洗剤や、50種類もの道具をつかい分けています。道具の中には、自らが開発にたずさわったものもあります。

プロフェッショナルの格言

清掃のプロ、新津春子さんのことばを心にきざもう。

清掃を超えた、職人の仕事と思っている

新津さんにとっての清掃とは、ただ見える部分をきれいにすることではありません。目に見えない部分でも、気がつくところはすべて徹底的にきれいにするのです。

大切なのはやさしい気持ち

清掃に大切なのは、やさしい気持ちと語る新津さん。その場を利用する人の気持ちをやさしく思いやることで、いろいろなことに気がつき、気を配る清掃ができるようになるのです。

仕事の現場は「自分の家」と同じ

清掃こそが自分の「居場所」と言う新津さん。訪れる人に心からおもてなしするため、新津さんは仕事場所を「自分の家」だと思って、全力をつくします。

写真：日本空港テクノ株式会社

誇りをかけて、思い出を洗う

クリーニング師

古田武

そのクリーニング店には、全国から特別な服が届く。
娘に着て欲しいと、亡くなった母がのこしたドレス。
教え子から贈られた記念のトレーニングウエア。
よごれてシミのついたその服を、元の姿にもどして欲しいと願う人がいる。
「託されたのは洗濯物ではなく、思い出だ」
そう言いきるのは、この道60年の職人。
だれも落とせなかったシミやよごれに挑み続ける、業界で「神」と呼ばれる男。
この世界へ飛びこんだのは15の年。
雇い主から屈辱的なことばをあびせられ、
生涯の恩人にまかされた店には、客がまったくこなかった。
追いこまれた男は、どのように立ち上がったのか。
そして、自分の背中を追う息子に伝えたい思いとは――。

✳クリーニングの〝神〟

東京都港区南麻布のとあるクリーニング店。早朝、まだ開店前の店から、店主がでてきました。クリーニング師の古田武さんです。

「おはよう！」

店の脇の道に立つと、古田さんは通学途中の小学生に声をかけました。

「おはようございます」

男の子は、まだ少し眠そうです。

「元気？　行ってらっしゃい」

男の子の手にやさしくタッチしました。

続けてランドセルをゆらして走ってきたのは、笑顔の男の子です。

「おっはよう！」

「おはようございます！」

この子ともハイタッチ。さらに女の子ふたりにも。

お店の前で、子どもたちの登校を見守る古田さん。

通学する小学生に声をかけるのは、古田さんの日課です。雨の日も雪の日も、かがんで子どもと目をあわせ、一人ひとりにていねいにあいさつをします。

校長先生からお礼を言われたこともありますが、古田さんはこうこたえました。

「子どもたちを見ていると、こちらが元気をもらいますよ」

でも、子どもたちは知りません。「町のやさしいおじさん」が、クリーニング業界では〝神〟とよばれるほどの存在だということを。

古田さんの店には、その腕をたよって、

連日全国から大量の服が送られてきます。個人客はもとより、ほかのクリーニング店からも依頼があります。服のつまった段ボール箱がいくつも届く光景は、一般のクリーニング店では見ることがないでしょう。

店の作業場には、洗うのがむずかしい高級ブランド品がずらり。中には値段が100万円を超えるような注文服も少なくありません。古田さんはそれらの服を、店につとめる30人の職人とともに、さまざまな技術で美しくよみがえらせてしまうのです。

✳思い出を洗う

その日古田さんは、あるカーディガンに取り組んでいました。レモンイエローに薄い水色の縁どりが美しいカーディガンですが、あちこちに茶色っぽい小さなシミが目立ちます。

「この人の服にシミがいっぱいついちゃうのは、しょうがないんだ……」

そうつぶやく古田さん。どうやら服の持ち主を知っているようです。

依頼したのは、30年来のつきあいだという女性でした。カーディガンの素材は「カシミア」。カシミアヤギという動物の毛で織られた、やわらかく温かな生地です。

「これは食べこぼしだね。アンモニアと石けんで落ちるだろう」

店には、シミぬきのために50種類もの薬剤が用意されています。服についたシミは、その状況によってとりのぞく方法がちがうからです。

落ちやすいシミなら、アンモニアなど

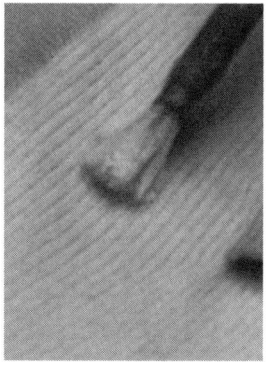

カシミヤにやさしく薬をしみこませる古田さん。

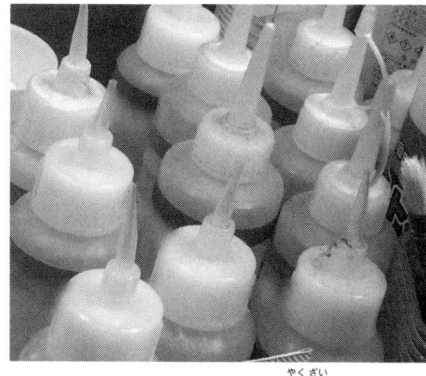

シミぬきにつかう50種類の薬剤。シミの種類によって、つかい分ける。

の一般的な薬剤をつかいます。薬剤がシミを包みこむので、そこに水を吹きつければ、水流に乗って繊維からかんたんにひきはなすことができます。

けれど、シミの成分がねばりつく性質で、繊維にくっついてはなれない場合は、水には流れていきません。そのときは、シミの成分を、分子とよばれる小さな粒に分解する薬剤を用います。そうすると水に溶けやすくなるからです。

それでも落ちないときは、さらに強力な薬剤をつかい、シミを、分子よりも細かい「イオン」という状態にまでばらばらにしてから落とします。

ただ、薬剤は強力になるほど服の繊維も傷つけてしまいます。シミぬき作業でだいじなのは、シミの原因を正確に見ぬいて、もっとも適した薬剤や手法を選ぶことなのです。

古田さんは、カーディガンを広げると、小さなシミにアンモニアをつけ、その上を石けんでそっとふれ、さらに水を吹きつけました。

「落ちた、落ちた」

読み通り、シミはどれもたやすく消えていきました。ところが、

「ん？　これ落ちないじゃん。ほかのは全部落ちたのに」
ポケット脇のシミだけがアンモニアに反応しません。古田さんは別の作業をしているスタッフに声をかけました。
「なっちゃんのとこに、過炭酸ある？」
「ああ、まだつくってないです」
過炭酸とは、「過炭酸ナトリウム」。市販の酸素系漂白剤にもつかわれている薬剤です。水にとけると、がんこなシミの分子を、イオンに分解する力を発揮します。
古田さんは、その薬剤をつくりはじめました。
「このシミだけ古いみたい……。時間がたって、だいぶ酸化してるんだな」
そうつぶやき、古田さんはシミに過炭酸ナトリウムを塗り、水を吹きつけました。そして、その場所に温風を当て、イオンに分解する反応がおきやすい温度まで、繊維を傷つけないように慎重に温めました。
「よし、完璧！　次は水洗い」
どんな小さなシミやよごれにも、真正面から向き合う古田さん。胸には、ひとつの誇りをもっているのです。

〝思い出〟を、託されている

洗剤を入れた水で、カーディガンを泳がせるようにていねいに洗いながら、古田さんは心の片すみで、持ち主のことを考えていました。

そのカーディガンは、女性が20年前に夫からプレゼントされたものなのです。

その夫はいま、寝たきりの生活が続いています。女性は思い出のこのカーディガンをいつも着て、介護を続けているのです。

「ブランド品は高級品じゃないんだよ。あれは高額品。高級品っていうのは、思い入れがあって、だいじにしてるものを言うんだ」

古田さんは、店のスタッフにいつもそう言っています。

「われわれはその思い出を託されて、手入れさせてもらってるんだ。だから、それは〝洗濯物〟じゃないんだよ」

古田さんは、洗い終えたカーディガンにアイロンがけをはじめました。アイロン

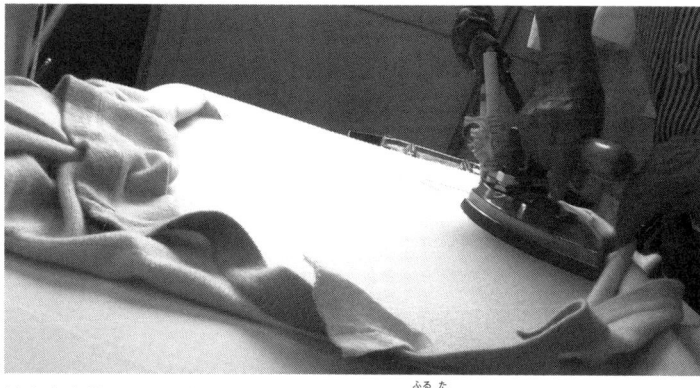

持ち主を思い、ていねいにアイロンをかける古田さん。

の重さは3キロ。それを、服からわずかに浮かせてかけていきます。片手でもつのは相当重いはずですが、古田さんはカーディガンの毛先をなでるように、ぎりぎりの間隔をあけてアイロンをすべらせます。

そうしてついにカーディガンは、輝くようなつやをとりもどしました。それは、20年着続けてきたとは思えないほど新品同様の風合いでした。

✳技は心

古田さんのこだわりは型破りです。古田さんは、洗濯表示のタグにドライクリーニングしかできないと書かれているジャケットでも、迷わず水につけてしまいます。そのようすをはじめて見る弟子は、おどろきをかくせません。

「たまったあかやほこりは、ドライクリーニングでは落としきれないんだよ。ほら、こんなによごれがでてきた」

ジャケットがつかった水は、みるみる真っ黒になっていきます。

「ドライクリーニングを5、6回やると。こうなっちゃうんだ」

でも、水を吸った繊維は縮み、服の形がゆがむ「型くずれ」をおこしてしまいます。そこで古田さんは、「人体プレス」という、人の形をした特殊な機械をつかいます。脱水したジャケットをその機械に着せ、中から蒸気を当てるという仕組みで、縮んだ繊維を元の状態にのばすのです。

アイロンは、上から熱を加えるので平面

ジャケットの内側から蒸気が出る人体プレス。

に仕上がりますが、この機械なら、服に立体的にアイロンをかけることができます。

「はい終わり〜。上がりましたー」

ジャケットは、売りもののようによみがえりました。

美しい仕上がりのためには、あらゆる手段をつくし手間をおしまない。その姿勢を、古田さんは店のスタッフにも徹底しています。

この日、職人たちはむずかしい仕事に取り組んでいました。それは、胸元にひらひらとしたフリルのついたブラウス。でも実はそのフリル、もともとは細かいひだが無数についたプリーツだったのです。

「まちがって、プリーツを平らにしてしまった。復元してもらえないか」

ほかのクリーニング店からの依頼でした。

店には、一般のクリーニング店にはいない裁縫担当の職人がいます。その人がまず、すべてのプリーツにミリ単位で糸を縫いつけ、折り目の目印をつけました。その数、なんと116本。その目印をもとに、別の職人がアイロンをかけ、消えてい

店に届いたブラウス。胸元にフリルがついている。

復元したブラウス。胸元のフリルはプリーツにもどった。

たプリーツを1本1本よみがえらせます。すべて復元するまで、2日がかりの作業でした。

「技は心」

これが古田さんの口ぐせです。

『こんなところにシミがあったらいやだろうな』とか『もっときれいにしてあげたい』とか、そう思うことが、技術の向上につながるんだ。思いやりのないやつの仕事っていうのは、感動しない。お客さんは、満足してくれているかもしれないけれど、感動はしてくれないんだよ」

その日、また一件、古田さんに助けを求める依頼がありました。

店を訪ねたのは、大手デパートの婦人服担当の男性です。紙袋から、服と有名ブランドのバッグをとりだしました。

「うちで販売した服の染料が、お客様のバッグや服に色移りしてしまったんです」

見ると、バッグの側面とシャツとズボンの腰のあたりに、何やら黒ずんだシミが広範囲についています。

「これが、原因になった服ですか？」

古田さんは、担当者がだしたブラウスも広げてみました。そのブルーグレーの染料が、ともに身につけていたバッグと服に色移りしてしまったのです。

「なんとか元にもどせないでしょうか？」

「やってみます。どうぞおかけになっておまちください」

古田さんはそう言うと、預かったものを一式かかえて、作業場へひっこみました。さっそく薬剤をしみこませた布でふき、変化があるかシミの性質を探ってみます。いくつかの薬剤をためしましたが、うすまる気配すらありません。

「いま、4種類ぐらいやってみたんだけど、シミが動かないんです」

古田さんは、客の元へもどって現状を説明しました。
「外国の製品は、どういう染料をつかっているかわからないんですね。だから、そのシミをとかす薬品も、いまのところわからない。いろいろやってみないとね」
生地がいたむ可能性も説明した上で、古田さんはそのしみぬきをひき受けることにしました。

まず、色移りの原因となったブラウスを調べます。すそに石けんをつけてこすってみると、
「おおー、こんなに落ちる」
ブラウスの色が、そこだけうすくなりました。
「こんなに色が落ちるのに、なんでくっついちゃった色は落ちないんだ？」
古田さんは首をかしげながら、こんどは、シャツについたシミを調べはじめました。これまでに経験のない色ジミです。考えつく薬剤をためすしかありません。
染料に金属がふくまれているのではないかと考えた古田さんは、金属をとかす薬

剤を塗ってみました。

「いやーしつこいな、こいつは。いったいどんな染料つかってんだよ……」

色ジミはいっこうにぬけません。でも古田さんはあきらめません。「できない」とは言いたくないのです。「なんとかする方法はきっとある」。古田さんはいつもそう考えて、仕事に取り組んでいます。

「できなくて面倒なものをもってこられるんだから、それから逃げたら楽なものばかりやることになる。楽なものばかりやっていたら、おれの存在価値なんて、何もないじゃないか」

古田さんは、ブラシをとりだし、色ジミをこすりはじめました。

「おお、とれたぞ！　そうか、そういうことか。なるほど」

何やらヒントをつかんだようです。古田さんは、バッグのシミにとりかかりました。

「水でもとけない。薬剤でもとけない。ところが摩擦するととれるわけだ」

未知の染料ですが、薬剤とブラシの両面作戦ではじめて効果が上がるとつかんだのです。

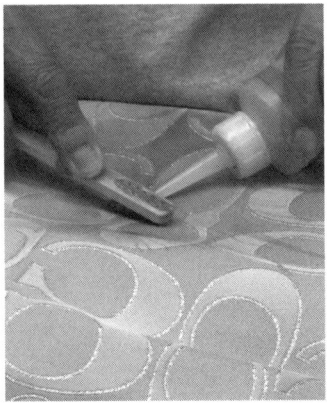

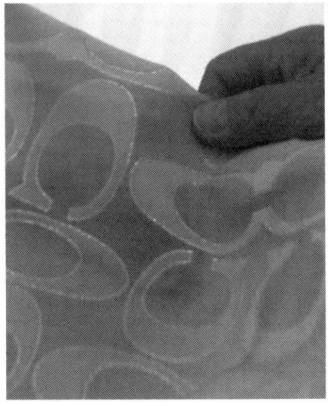

バッグのよごれ（右）。生地をいためないようぎりぎりの力でこする。

通常、洗いもシミぬきも、「こする」という作業は、生地をいためるので禁じ手です。古田さんはバッグの生地の強さを見きわめながら、ぎりぎりをせめました。

「おっ、とれるね！」

さらに洗剤を入れた水でバッグを水洗い。ここでもブラシでそっとこすりました。水を切り、乾燥させたバッグを点検します。

「これが限界だな。これ以上やると、今度はバッグの色がぬけてっちゃう」

作業前とくらべると、色ジミはほとんど目立たなくなっていました。

受けとりにきたデパートの担当者は、バッグと服の仕上がりを見て、とてもおどろきました。

「わあ、きれいに落ちていますね！　ほとんどわからない。よかった！」

誇りをかけた闘い

5月末。この日、小学校の運動会に古田さんの姿がありました。めずらしく仕事をぬけだし、孫の運動会のカメラマンを買ってでたのです。

元気に走る孫の姿に目を細める古田さんですが、実は、我が子の運動会には、一度も足を運んだことがありません。働きづめで、日曜も祝日もなかったからです。それは、自らの仕事への誇りをかけた闘いの日々でした。

古田さんは、昭和14年、長野県南部の山村に生まれました。

家が貧しかったため、生活費を稼ごうと東京へでたのは15歳のとき。葛飾区にあったクリーニング店につとめ、住みこみで修業をはじめました。

3年がたったある日のこと。古田さんは配達の途中に、お客さんから預かっていた服をうっかりなくしてしまいました。店にもどって主人に謝ると、思わぬことばをあびせられたのです。

「質屋に売ったな。いくらになった？」

古田さんはおどろきでことばを失いました。そして、猛烈なくやしさにおそわれました。

「なぐられたりけとばされたりするなら、がまんできる。でも、信用されないのは、がまんできない。これじゃあ、おまえは泥棒だと言われているのと同じだ！」

姉から借りたお金で服の代金を弁償すると、古田さんはその店をやめました。

古田さんは、都内の別のクリーニング店に就職をしました。

社長の小池武治さんは、高い技術で業界でも評判の人でした。ほかの店が断るような服もひき受け、夜を徹して洗い場に立ち、必ずシミを落としてみせます。

「ここで、仕事に打ちこもう！」

古田さんは再出発します。やがて結婚し、ふたりの子どもにもめぐまれ、充実した人生を送るようになった古田さんは、小池さんの下で、よりいっそう技をみがいていました。ところが、またもや屈辱的なできごとが古田さんをおそいました。

客の家に仕上がった品を配達にでかけたとき、玄関をくぐると、こうどなられたのです。

「洗濯屋のくせに、表から入るな！」

古田さんはくやしくて、それからとても落ちこみました。

「どれだけがんばっても、しょせんこの仕事はだれにも誇れないんだろうか……」

そんな古田さんに、社長の小池さんはひとつの提案をしました。

「アメリカのビバリーヒルズのクリーニング店を視察してみないか？」

それは古田さんの人生を変える経験でした。

そこは当時世界の最先端といわれたクリーニング店。あつかうのは数十万円もする服ばかりで、それらを圧倒的な技術で新品同様の風合いによみがえらせていました。店の顧客はハリウッド女優などセレブばかり。クリーニング職人たちは人々から尊敬を集めていました。

アメリカで世界の最先端のクリーニング技術にふれた古田さん。

目にする何もかもが自分の知っているクリーニングの世界と大ちがいです。

帰国した古田さんは、小池さんに願いでました。

「ぼくも、あんな仕事がしたいです！」

小池さんはその思いをくみ、新たに高級服専門のクリーニング店をオープンさせ、経営を古田さんにまかせました。でも、それこそが、本当のいばらの道のはじまりでした。

技術に見合った料金を設定しましたが、客は「高い」と言って理解してくれません。

「まったくお客様がこない。これじゃあ、どうにもならない……」

受付に雇った人のアルバイト代すら稼げない日々が続きました。そうして半年がたったある日、古田さんは、出入りの業者から思わぬことを聞かされます。

「社長の小池さん、うちへの支払いを3か月もとどこおらせているんですよ」

「そんな⁉　それって……」

「こちらの店の赤字が原因みたいです」

古田さんはおどろいて、すぐさま小池さんのもとへかけつけました。

「申し訳ありません。わたしのせいです！」

小池さんに迷惑はかけられない。古田さんは店の閉店も覚悟しました。ところが小池さんは、うなだれる古田さんにこう言ったのです。

「君はまちがっていない。信じる道を行きなさい」

うれしくて、涙がこぼれました。

（小池さんはおれを信用してくれている……。絶対に成功させなきゃならない！）

古田さんは決心しました。

「おれは、仕事の鬼になる！　シミぬき、洗い、アイロンがけ、どれもだれにも負けない圧倒的な仕事をする！」

それから古田さんは、くる日もくる日もクリーニングの仕事について研究を重ねました。重いアイロンを浮かせてかけるために、右腕に激痛が走るようになっても、けっして休みません。

「失敗したら生きていられない！」

そんな覚悟で洗い場に立ち続け、これまで洗えないとされてきたシルクや毛皮などにも新たな手法を開発し、さらなる技術を求め続けました。

するとそのうち、ひとり、またひとりと客が増えはじめたのです。

「よそでは絶対とれないと言われたシミも、この店なら落としてくれる」

「しかも、服の素材をだいじにして、買ったときと同じような状態で返してくれる」

店に服を託した人から口コミで評判が広がり、むずかしい服の依頼も次々届くようになりました。

やがて6年目のこと、小池さんは古田さんにこう告げたのです。

「あの店は君が育てた店だ。だから、君にゆずろうと思う」

あれから30年、古田さんは小池さんとの日々を、ひとときだってわすれたことはありません。

「自分もあんな人間になりたい」

そう思って、仕事や、店で働く職人たちに向き合っています。

✳最後に伝えたいこと

「右側の肩が強烈にこるんですよ」

「ここですよね」と、医師はレントゲン写真を指さしています。6月のある日、古田さんは病院の整形外科を受診していました。

古田さんは、重いアイロンをささえるなどして長年つかい続けたことで肩に爆弾をかかえています。骨にひびが入り、これまで2度も手術を受けてきました。

痛み止めの注射を打ちながら仕事を続けていますが、近頃はアイロンをもつことすらままならない日もあります。

（そろそろあいつに仕事を託そうかな……）

74歳になった古田さんは、引退を考えはじめていました。頭にあるのは、ひとりの弟子。長男の陽祐さんです。

古田さんの下で修業をして20年。社長として店の切り盛りはすでにまかせていました。

「でも、陽祐にはまだいちばん大切なことを教えていない。最後にあれだけは伝えておかなくちゃ……」

数日後、陽祐さんは、客から預かった一着の服を点検していました。母の形見だという40年以上前のワンピースです。

レースの内側を、オーガンジーとよばれる極薄の生地がおおっている複雑な構造で、うすいクリーム色の生地に茶色いシミが30か所以上もあります。

「生地の劣化も進んでいるなぁ。これはかなりむずかしそうだ」

古田さんも、そのワンピースを見てみました。

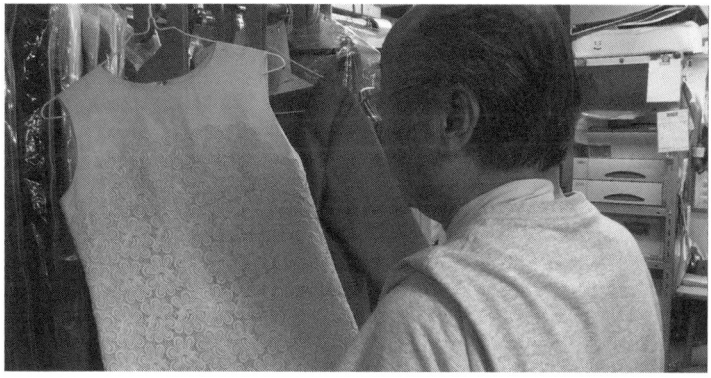

オーガンジーにおおわれた思い出のワンピース。

「これは古いね」
「お母さんの形見らしいんだ」
古田さんは、切れてしまっているオーガンジーを心配そうに見つめます。
「ここが切れるということは、汗で酸化して切れちゃっているっていうことだから、洗うともっと切れてくるよ。あんまり無理はしないほうがいいな」
陽祐さんはそれを聞いて、このワンピースは古田さんに担当して欲しいとたのみました。しかし古田さんはこうこたえました。
「正直やりたくない。社長がやるって言うんならいいけど。おれにやらせるっていうのはこまるよ」

断られた陽祐さんは、意外な返事にびっくりです。
陽祐さんの技術力は、いまや父にひけをとりません。でも、むずかしい服の多くは、これまで父が受けもっていたのです。
陽祐さんは、しかたなく自分で考えはじめました。
レースの部分だけとり外せば、そこはきれいにできます。でも、劣化している本体は洗わずにレースをとりつけても客は納得しないでしょう。
「あ～。でもな～。失敗するかな……」
手法をあれこれ考えながら、陽祐さんには父のことばもひっかかっていました。
「あれだけ言われちゃったら、おれもやりたくなくなっちゃう。あそこまでおどされるとさ」
ワンピースを依頼したのは、母を亡くしたばかりの姉妹で、「母が着ていた思い出があるので、自分たちが着られたらうれしい」と言っていました。
陽祐さんは、ふたりの思いが胸にあるからこそ、ワンピースを前に悩むのです。
陽祐さんは20年前、父の反対をおしきってこの道に入りました。仕事に没頭し、自分とは遊んでくれなかった父。それでも父が働く姿にあこがれていました。本人には言いませんが、こう思っていたのです。

（おやじは、ふつうの人が絶対やらないようなことをやって、成功して喜んでもらって、うれしがっている。そんな背中を見て育ってきたから、おやじの存在は大きいよ）

「どうやってやろうかな」

シルク製のオーガンジー。ただでさえ繊細なあつかいが求められる素材です。

「破れちゃってるもんね……」

悩んでも、なかなかこたえが見つかりません。

そんな陽祐さんに、あえて声をかけない古田さん。そこにはこんな思いがありました。

こわさと向き合ってこそ、職人

「なんでうちにもってきたのか。なんとか着たいからでしょ。ということは、期待

シミぬきの前日、夜遅くまでワンピースを前にひとり悩む陽祐さん。

をもっているわけだ。それをうらぎって『すいません』じゃすまない。そういうこわさをわかって欲しい。わたしだって、逃げられないからそこでいろいろ経験しておぼえてきた。これは、自分で体験してつらい思いをしないとわからないんだよ。教えてできることじゃないんだ」

古田さんは、その思いを陽祐さんには告げませんでした。

その日、陽祐さんは夜遅くまで洗い場にのこっていました。明日、いよいよあのワンピースを洗います。

（こわいなぁ。『よしやってやるぞ』とは、正直思えない。でも……）

失敗の恐怖とひとり向き合い続けながら、陽祐さんの胸にはこんな思いもありました。

「負けたくはない！」

ついに勝負のシミぬきがはじまりました。選んだ薬剤を、まずは、服の目立たない場所でためしてみます。

「う～ん。オーガンジーの生地が先にだめになっちゃう」

シミは落ちましたが、薬剤をくり返し塗ると、オーガンジーが白く変色してしまいます。

「1回の塗りで、シミをぬききらなくちゃ」

陽祐さんは、加える熱の温度に細心の注意をはらいながら、ひとつひとつ慎重にシミを落としていきました。でも最後にひとつだけ、肩口にむずかしいシミがのこりました。繊維の奥深くまで入りこんでいるシミのようです。

「ここがとれないと。これとれなきゃ意味ない。ここがいちばん目立つから……」

ところが、1回の処理ではぬききれません。

陽祐さんは、慎重に、もう一度薬剤を塗りました。それでもわずかにシミがのこってしまったのです。これ以上やると、服をだいなしにしてしまうおそれもあります。

陽祐さんは、そのシミをしばらくじっと見つめ、やがて力強く言いました。

「これがとれなきゃ！」

そして、店の給湯室へあるものを探しに行きました。それはつまようじでした。

（あと1、2滴だけ、薬剤をためそう。つまようじなら、ピンポイントで攻められる）

ようじの先端につけた薬剤を、1滴たらしました。さらに、もう1滴。

そうして陽祐さんは、ついにそのシミをぬききったのです。

ワンピースをかかげて仕上がりを点検した陽祐さんは、やっと笑顔を見せました。

（これでやめる）

そのときです。

「うまくいった？」

古田さんが、はじめてようすを見にきました。

「あとはアイロンかけるだけ」

きれいに生まれ変わったワンピースを持ち主に見せる陽祐さん。

陽祐さんがこたえると、古田さんはワンピースを真剣な目で確認しました。

「よかったよかった。うまくいった」

そして息子の顔は見ずに、こう言ったのです。

「これは最高でしょう！」

数日後、姉妹がワンピースを受けとりにやってきました。

「すごい！　すごくきれい！」

陽祐さんは喜ぶふたりを前に、少し照れくさそうです。

「ありがとうございます。これでまた着ることができます」

「母も喜んでくれてると思います。なんか、ちょっと思いだしちゃいました」

思わずなみだぐむふたりを見て、陽祐さんはうれしさでいっぱいになりました。

古田さんは、むずかしい仕事をやりきった陽祐さんのことを、こう思っていました。

「あれはよくやったと思う。それに、おれがやらなくてよかった。お客様に喜んでもらえると、誇りがもてる。誇りをもてる仕事ができるっていうのは、幸せなことだからね」

今日も古田さんの店には、全国から服が届きます。

それは、依頼主の大切な思い出。「きれいになったらうれしい」。そう願う人々のために、親子はこれからも、一着一着と向き合っていくのです。

プロフェッショナルとは

あくなきチャレンジかな、挑戦。
自分の知らないことがいっぱい
でてきたときに、なんとかそれを可能
にするための挑戦。挑戦していかない
と、プロじゃなくなっちゃう。

第210回2013年9月2日放送

こんなところがプロフェッショナル！

どんなよごれも落とすクリーニングのプロ、古田武さん。
そのほかにも、こんなところがすごいよ！

未知のよごれとの格闘を楽しむ

古田さんはいまでも、未知のよごれとの戦いを楽しんでいます。「よごれが落ちればこっちの勝ち。このシミ、オレの思うようになれ！」と思いながら、しつこくとれないシミを落とすそうです。

海外の技術者に学びたい！

店が軌道に乗ってからも、皮や毛皮の手入れについて知りたかった古田さんは、フランスやイギリスの技術者に、つたない英語で手紙を書きました。1年以上送り続け、ようやく研修が実現したそうです。

あたりまえのことを徹底する

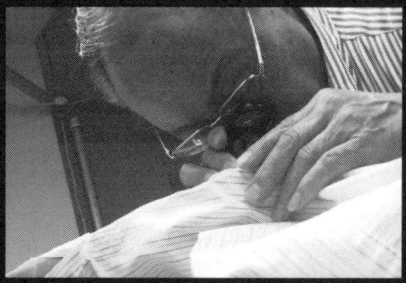

特別なことをしているわけではない。あたりまえのことを徹底しているだけと古田さん。服のシミを落とすとき、ルーペで繊維の1本1本まで確認してから落としたり、縮みやすい服は洗う前にすべて計って記録をしておいたり……。いつもの作業を徹底しておこないます。

お弟子さんは全国に

古田さんには、全国にお弟子さんがいます。お弟子さんは、古田さんの元で数年間修業をし、その後独立して自分の店をもっています。古田さんはお弟子さんにもできるだけいろいろなことを伝えたいと、いそがしい中時間をみつけ、たずね歩いています。

プロフェッショナルの格言

クリーニングのプロ、古田武さんのことばを心にきざもう。

失敗をおそれていては成長はない

いまのクリーニング業界は、クレームがこわくてチャレンジする前から「できない」と断ってしまう。それでは成長はできない。チャレンジしての失敗ならしかたがない。古田さんはそう考えます。

預かっているのはただの洗濯物じゃない

自分たちが預かっているのはたんなる洗濯物じゃない、思い出を託されている、と古田さん。どんな服にも持ち主の思い入れがあり、物語がつまっています。その思い出をともに育てていきたいと語ります。

「できない」って言いたくない

いまはできないけれど、なんとかする方法があるかもしれない。面倒なものをもってこられるんだから、それから逃げて楽なものばかりやっていたら、自分たちの存在価値がなくなると、古田さんは語ります。

作るのは、ともに歩む足

義肢装具士（ぎしそうぐし）

臼井二美男（うすいふみお）

その男は、「義足の仙人」とよばれている。
事故や病気で足を失い絶望の淵に立った人々にとって、
彼のつくる義足は、人生を前向きにする希望の道具だ。
友だちと走り回ってサッカーをしたい男の子、
メダルをねらうパラリンピックのアスリートたち、
ささやかな願いから大きな夢まで
とことん向き合いささえ続ける、日本屈指の義肢装具士。
はじめて手がけた少女の義足は、つかわれることなく返ってきた。
それが、男の義足にかける思いを決定づけた。
ある日舞いこんだのは、きわめてむずかしい依頼。
「義足でハイヒールをはきたい！」
切なる願いは、かなえられるのか――。

＊ともに歩み、はく人を明るくする義足

午前7時半。東京都荒川区の町を、ひとりの男性が足早に会社へ向かっています。つとめ先は、全国でも有数の規模を誇る義肢製作所。まだだれもいない真っ暗な社内に電気をつけて回る男性は、この道33年の義肢装具士、臼井二美男さんです。

「義肢装具士」とは、病気や事故などで手足を失ってしまった人に、人工の手足をつくる仕事です。中でも臼井さんは、「義足」とよばれる人工の足を専門につくってきました。

日本には、病気で足を切断した人や事故やけがで足を失ってしまった人が、全国に6万人いるといわれています。

「ひとりでも多くの人に関わり、義足をつくりたい」

臼井さんは、会社の課長となったいまも現場からはなれようとしません。たずさわる義足づくりは年間４００人分。ほかの義肢装具士の3倍の量です。

臼井さんは、いつも出社いちばん乗りをめざしています。会社の始業時間は9時

ですが、9時になると予約のお客さんがきはじめるため、なかなか作業時間を確保できません。始業前の時間は、臼井さんの大切な作業時間なのです。

会社に到着。時間をおしんで更衣室には行かず、かばんからとりだした作業着を着ると、腰に仕事道具を入れたウエストバッグをつけます。

チェックしたカレンダーは、義足の調整にくる客の名前でびっしりです。

「今日はお客さんが多くて、あんまりつくってる時間はなさそうだな……」

それでも、これから1時間半は集中して仕事ができそうです。臼井さんは、だれもいない作業場でひとり石膏を削りはじめました。

この日最初に訪れたのは、ひとりの女性でした。

「急に歩きづらくなったんです」

義足はつくったらおしまいではありません。体形の変化にあわせ、その後もなんどとなく調整をおこないます。義肢装具士は、その後のメンテナンスでこそ、その力量が問われるのです。

「歩いたときにふみだす一歩が曲がりにくいんですよ」

右足を太もも部分から失っている彼女。外した義足には膝もついています。
義足は、切断した足の位置によって、いくつも種類があります(左ページ参照)。
この女性の義足は、太ももからはく「大腿義足」。膝関節の役目をはたす「膝継手」という部品がついていました。
臼井さんは女性の義足をもつと、上から力をかけ、膝継手を曲げのばしして、慎重に具合を確かめます。
「これは、足首の角度かもしれないよ」
そう言うと、義足の足首部分の調整をはじめました。
「これでちょっと歩いてみて」
再び義足をはいた女性は、廊下で歩きはじめます。臼井さんは、そのとなりを歩幅をあわせていっしょに歩きながら、ようすを見ています。
「さっきよりも乗りこえが楽?」
「うん、楽です」
瞬時に不具合を調整する臼井さんのその腕は、利用者からも絶大な信頼を集めて

■ いろいろな義足

義足は、切断した足の位置によっていくつも種類があります。切断部分を入れる「ソケット」や、関節の役割をはたす「継手」など、切断部分を補う部品を組み合わせてつくられています。のこった足の部分が長いほど、力をうまく伝えられ、義足をコントロールしやすくなります。

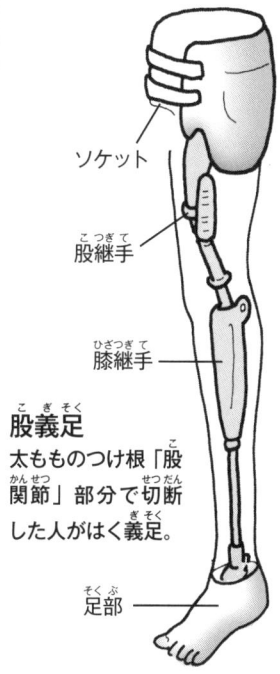

股義足
太もものつけ根「股関節」部分で切断した人がはく義足。

大腿義足
太ももで切断した人がはく義足。

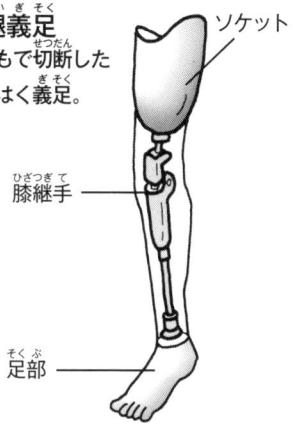

下腿義足
膝から足首の間で切断した人がはく義足。

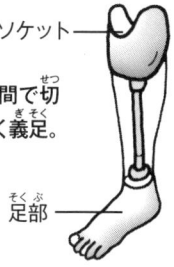

そのほかにも、足首や足先で切断した人がはく義足もあります。

います。

義足は体に合えば断然歩きやすくなりますが、臼井さんは、たんに歩きやすさだけを考えているわけではありません。

ことばにならない期待に、こたえる

「義足を利用する人、そしてその家族には、義足にかける期待、望みが必ずある」

臼井さんは、いつもそれを意識しています。

「ことばにならなくても、そういう思いをもって訪ねてくる人がたくさんいる。それにはこたえなきゃいけない。それはこの仕事をになう者としての使命」

臼井さんはそう胸にきざんで仕事をしているのです。

「ちょうどよかった。そろそろくるかなと思って」

臼井さんが会社の玄関まででむかえたのは、ひとりの女性でした。やわらかなブラウスにスカート、バッグを斜めにかけ、右手にもったつえで体をささえています。

臼井二美男

彼女は12年前、左足にガンをわずらい、股関節から下を切断しました。スカートからのびた左足は、7年前に臼井さんがつくった義足です。

この日、女性はソケットのつくりかえの依頼でやってきたのです。

ソケットは、体と密着するため、わずかな体形の変化にも影響を受けるデリケートな部分です。はき心地に直結するこの部分の調整を、臼井さんはとくに気にかけています。

彼女の義足は「股義足」。義足の中ではもっとも長いものです。ソケットは腰に装着します。義足で立った女性を見て、臼井さんはすぐに気がつきました。

「だいぶゆるくなったね」

体が以前よりひきしまり、ソケットと腰回りとのあいだにすき間ができていたのです。

「はい。ここがぐらつくんです」

臼井さんは、女性の体の型をとり直すことにしました。

義足を外し、手すりにつかまって採型台に立った女性の腰回りに、石膏のついた包帯を巻きつけていきます。

ふつう、義足の型どりの際には、腰回りや足の長さをメジャーなどで計測します。でも臼井さんは採寸しません。長年つちかった目と手の感覚で、足の大きさや特徴を的確につかむことができます。

「前よりだいぶ細くなったよね。ここ、骨がはっきりしてる」

ソケットにふれることを感じる骨が、以前よりはっきりしていると言うのです。

「臼井さんは、手がける利用者の数年前の体の特徴まで記憶している」

義肢装具士の仲間も感心する技ですが、本人には、数字にたよりたくないという思いがあるのです。

「ここが何ミリで……っていうのは、つくる側のただのデータ。数字にたよっていると、自分にうそをついてるような、うそがつけちゃう気がするんだ。義足が合わないのはあのとき数字をまちがえたからだとか、ちょっと位置をずらして寸法とったからだとか、そういう話になってしまいそうな気がするんだ。でもつかう人はそんなの関係ない。快適で美しくて、はき心地がいい義足。それを求めてるわけだから」

固まった包帯を腰から外し、型どりを終えて彼女が着替えたあと、
「これ、かわいいね。飛行機？」
臼井さんは、女性のスカートのがらを指さしました。うすくてやわらかな紺色の生地にちりばめられていたのは、水玉かと思いきや、小さな無数の飛行機でした。
「ひっそり飛行機がらなんです」
気づいてもらい、うれしそうにする女性。
「そっか。いろんなところにこだわりってあるね」
臼井さんは、何気ない雑談から、何かを感じとったようでした。
女性が帰ったあと、臼井さんはさっそくソケットづくりにとりかかりました。型どりした枠に石膏を流しこみ、固まったらとりだします。
「ウエストはぎゅっとしめて、ここはかなり削る感じ……」
そう言いながら、ていねいに石膏を削って型をつくっていきます。
（ブラウスとかスカートができるだけでっぱらないようにコンパクトにしよう）
そう思ったのは、女性との雑談から、彼女がスカートをはくことをことのほか楽

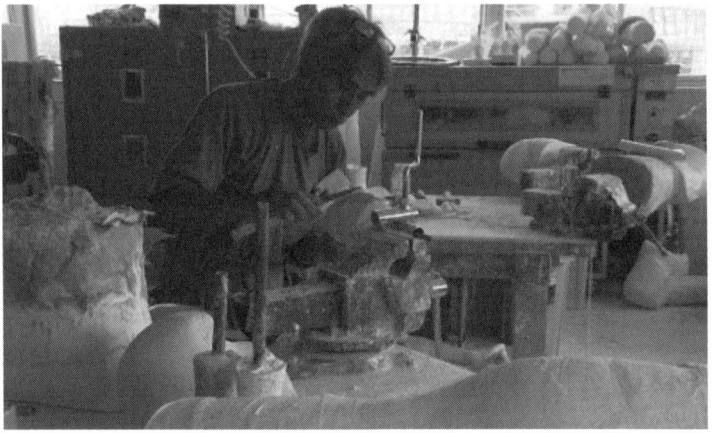

シルエットにひびかないよう、ソケットを限界まで削る。

しんでいると気づいたからです。

型にアクリル樹脂を巻きつけ、型にそうようにしっかりと密着させます。そうしてアクリルの型をはがしました。これがソケットになるのです。

スカートをはいたときに美しいシルエットが保てるよう、臼井さんは、厚みをなくすためにソケットを慎重に削りはじめました。

義足づくりでもっともだいじなことは、きちんと歩けるようにすることです。でも臼井さんが大切にしているのは、それだけではありません。「何をしたらこの人は、いまよりも明るい感じ、晴れやかな感じになるかな」と、つねにそう考えているのです。

人生は、きっと豊かにできるはず

「まるで父ちゃんみたいだな」

臼井さんは笑いながら、女性のソケットをぎりぎりの厚みまで調整しました。

つくりはじめて1か月後、女性の義足が完成しました。

今日は装着を確認する日。女性はその日も、お気に入りの飛行機がらのスカートでした。新しい義足をつけた女性が、その上からスカートをはいて鏡の前に立ちました。

「サイズがフィットして、やわらかい素材のスカートはいてもまったくひびかなくて、自然なラインでうれしいです！」

女性は、鏡の前でなんども体をひねっては、義足の装着具合を確認します。それは、義足のはき心地を確かめているというより、お店でスカートの試着をしているようにしか見えません。それほど義足が違和感なく体になじんでいるのでしょう。

「自分の体に対しての愛も感じるようになって、よかったです！」
「これをはいて、飛行機に乗らなきゃね」
臼井さんが声をかけました。
「そうですね！　ありがとうございます」

✳アスリートの義足づくり

今日は月に一度の休日。臼井さんは車である場所へ向かっていました。
そこは、臼井さんが日本ではじめて立ち上げた、義足の人のためのスポーツクラブです。
「どんなにあっけらかんとした人でも、体を欠損した苦悩みたいなのは必ずもってる。それが生活の中でてきたり、一歩前へふみだせない理由になっていたりするから、義足でできる可能性を少しでも提案してあげたい」
そんな思いで、臼井さんはこの場をつくったのです。

スポーツクラブで、義足をはいて思いきり走る人たち。

「よーい、スタート！」

臼井さんの号令でいっせいにトラックを走りだした人は、男も女もおとなも子どもも、みなそれぞれ義足をはいています。

「この場にきてみると、『足切ったぐらいじゃ』って思うんです」と笑う男性がいます。

「『ああ自分、ふつうじゃん』と思える場所っていうか。悩んでいても、先輩がこうしたらいいよって教えてくれるんで、大事な場所になっています」と話す女性もいます。

数えきれない人たちが、この場所で一歩をふみだすきっかけをつかみました。そのきっかけをくれた臼井さんを、数人がとり囲んでいます。

「臼井さんて、神だよね。義足の神」

「仕事のウエストバッグ外してるの、見たことないもん」
そう言われると、
「最近バッグが1個増えちゃったの」
と、臼井さんはバッグから義足づくりの工具をあれこれとりだして見せました。
「臼井さん、結婚式でもこのバッグしてた。あはははは」
このスポーツクラブから、障がい者スポーツの国際大会「パラリンピック」の選手も数多く生まれています。

ある日、スポーツクラブに所属する選手のひとりが臼井さんを訪ねてきました。
「練習は？　やった？」
「今日はやってないです」
それがあいさつがわりの女性は、村上清加さん。走り幅跳びで、２０１６年に開かれたドバイの世界大会で3位を記録した国内屈指のアスリートです。
リオ・パラリンピックの最終選考となる大会をひかえ、急きょソケットをつくりかえることにした村上さん。今日は、その試作品ができていました。

「いい感じのきつさですね。ぬけないですよ」

さっそく右足を入れたソケットのはき心地に、村上さんは大満足。

「足をふってみて」という臼井さんの注文に、バーにつかまって、思いきり右足をけり上げます。

「いい感じいい感じ」

村上さんは7年前、貧血で駅のホームから転落し、右足を切断しました。当初はショックのあまり、病室で泣き続けたといいます。

臼井さんのパソコンには、村上さんがはじめて臼井さんを訪ねた頃からの記録動画がのこっていました。

「これ清加ちゃん。はじめて義足をはいたとき」

動画には、白いジャージで義足をつけた村上さんが、軽快に横跳びをしているようすが映っていました。

事故から半年後、村上さんは義足の第一人者である臼井さんの存在を、インターネットで知り会いにきたのです。それから村上さんは少しずつ変わっていきました。

「足がなくなって、はじめはいろんなことができなくなったって思っちゃった。でも、義足をつくってもらってちょっとずつ歩けるようになったら、会社も行ってちゃんと働きたいって思ったし、好きなことやりたいって思って陸上をやって、陸上やりだしたらやっぱり最高峰のパラリンピック行きたいって思って。どんどんどんどん目標とか夢とか、数えきれないものをもらってる気がする」

広がっていく村上さんの夢を、臼井さんはささえ続けています。

5日後。村上さんは、完成した義足を屋上でためすことにしました。臼井さんの会社の屋上の床は、一部が陸上トラックと同じ素材になっています。

村上さんの義足は、スポーツでつかう競技用義足です。一般的な義足は、人間の足に似せてつくってありますが、競技用義足は「板ばね」とよばれる、曲げた板のようなものがついた特殊な形。素材はカーボンで、軽くて反発力があり、地面と接する部分には、しっかりと地面をつかめるようスパイクピンがついています。

村上さんはその義足をはいて、屋上の端から端まで走ってみました。そのようす

完成した競技用義足をためしてみる村上さんと臼井さん。

をじっと見つめる臼井さん。

「いい感じ？　やっぱり3年つかったやつとちがう？」

「そうですね、はずむ感覚が」

「全体的な長さと角度はよいと思う」

村上さんは、仕上がりに満足していました。

「とにかくならして、ジャパンパラで納得できる走りができればなと思います。パラリンピックの最終選考なんで、いまもってる力全部出しきらないと」

ジャパンパラ競技大会は、日本国内最高峰の障がい者によるスポーツ競技大会です。

しばらくあと、新潟市で開催されたその年の大会会場に、臼井さんの姿がありました。

臼井さんは可能なかぎり選手についていくと決めています。腰にはいつもの仕事道具のつまったウエストバッグをつけていました。

「思いっきりやれよ」

村上さんにそう声をかけると、つかずはなれず、そばにいるだけ。あれこれアドバイスをしたりはしませんでした。

「追い風」になりたい

臼井さんは、選手たちの背中をおす「追い風」のような存在でありたいと思っています。

「自分がいることで、気がついたらよい記録がでてた。そんな空気みたいな、風みたいな存在であるといいな」

臼井さんはそう願いながら、最後の調整をおこなう村上さんを見つめていました。

ついに、村上さんの走り幅跳びがはじまりました。臼井さんがスタジアムで見守る中、村上さんは軽快に助走して、ふみきりました。

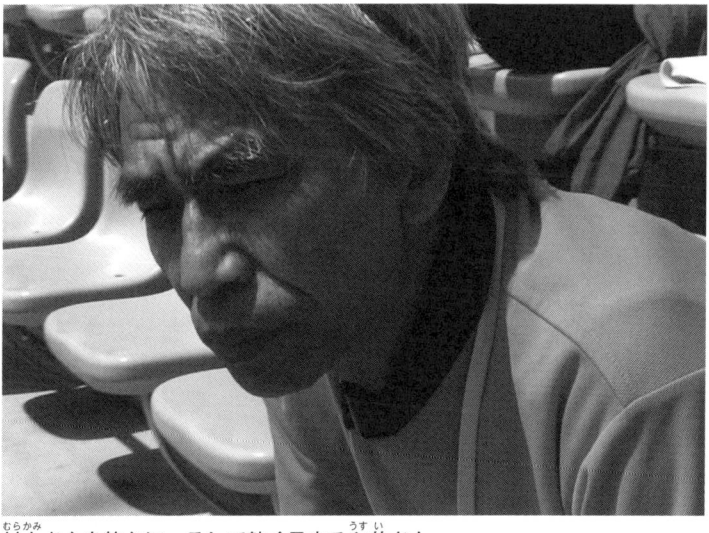

村上さんを静かに、そして熱く見守る臼井さん。

「3メートル36」

記録が発表されます。

「けっこういってるね。すごい」

臼井さんの口元がゆるみます。それは、村上さんの自己ベスト・タイ記録でした。

跳躍は、全部で6回。

「清加、最後だ。ラスト。がんばれ」

臼井さんの声はとても小さくて、村上さんが立つフィールドまで届くようなものではありません。

それでも、村上さんの活躍を、強く強く願っていました。

「いけいけいけいけ」

地面をけっていく右足の義足。そして、ジャンプ。
記録は3メートル25センチ。
「残念かなあ……。残念だ……」
村上さんは、パラリンピックへの切符を手に入れることはできませんでした。でも、競技を終えて臼井さんに顔を見せた村上さんの表情は、すがすがしいものでした。
前を向いて歩く人がいるかぎり、臼井さんは風となって、その背中をおし続けるのです。

✳つかわれなかった義足

臼井さんは仕事帰りも、頭の中が義足のことでいっぱいです。
駅の人混みを歩きながら見ているのは行きかう人々の足。足元を観察しています。
（あの人、ハイヒールですごいかっこよく歩くな）
（海外の人の歩き方、やっぱり日本人とちょっとちがうな）

そして、見ているうちにいつも思うのです。

（ここに、歩くことで参加できない人がたくさんいるんだ。どんな歩き方でもいいから混じっていられる、そういう人を増やしたい！）

こんなにも義足づくりにのめりこむようになった臼井さん。そのきっかけは、ある少女との出会いでした。

臼井さんは、どうしようもない20代だったと、若い頃をふりかえります。大学は、授業がつまらないと中退しました。「ふつうのサラリーマンはいやだ」と、いろいろ仕事をためしましたが、自分に合っている仕事は見つかりません。

もんもんとしながらアルバイトをする日々でしたが、もうちょっと仕事を探してみようとハローワーク（職業安定所）をのぞきました。そこで、「義肢科」という職業訓練校があることを知ったのです。

最初は軽い気持ちでしたが、見習いとして製作所で働きはじめると、「これだ！」と思いました。臼井さんは少年時代、工作が大好きだったのです。

「義足づくりって、工作と同じだ。創意工夫するおもしろさがある。人間の体はつ

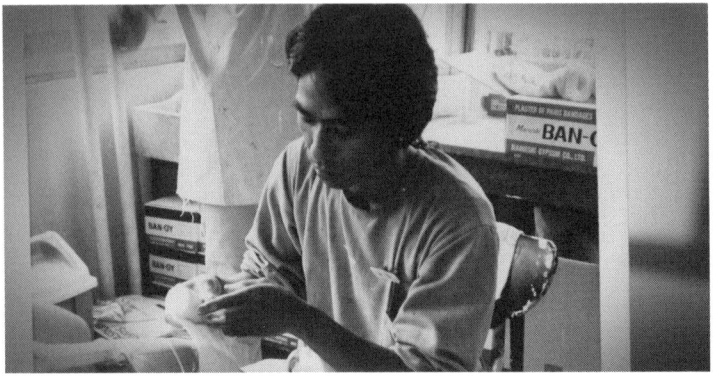

必死に勉強をした若い頃の臼井さん。

くれないけど、それにどこまで近づけるかみたいな、やりがいがある」

そう感じたのです。

型どりの方法。採寸のやり方。きれいな足の形をつくりだす技術。義足づくりには、数多くの高度な技術を身につけなければなりません。臼井さんは、来る日も来る日も、必死に学びました。

それは働きはじめて5年目、32歳のとき、ついに義足づくりをひとりでまかされることになりました。担当したのは高校生の女の子。悪性腫瘍で、左足を切断した女の子の義足でした。

ところが、義足をつくり終えて半年後、臼井さんに1本の電話がかかってきました。女の子のお母さんからでした。

「娘の病気が治りません。残念ですが、義足をひきとってください」

腫瘍が転移し、女の子は臼井さんのつくった義足をはくことなく、その後、息をひきとったのです。

新しい人生を歩みたくても、それがかなわなかった少女。返ってきたその義足を手に、臼井さんははじめて気がつきました。

（たったひとつの義足でも、はく人からすれば、命に関わることなんだ。命をささえているものなんだ）

そして臼井さんは心に決めたのです。

「この仕事で、いまを生きる人たちの力になりたい！」

そのために、自分のできることはただひとつ。

とことん、つき合う

臼井さんは、今日もさまざまな人の義足をつくります。

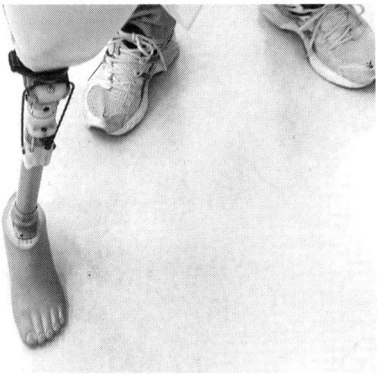

はじめてつくった義足。少女の死が臼井さんの原点となった。

サッカーが大好きな少年。右足を失いましたが、友だちと走り回りたいと願っています。ソケットを飾る布選びに夢中です。

「これがいい」

「それサッカーのだね。マンチェスター・ユナイテッドのマークじゃん」

ソケットは、名門サッカーチームのエンブレムで飾りつけました。

ロンドンブーツでステージに立ちたいというミュージシャン。かかとが高いブーツでもはけるよう、義足の足首が曲げられる部品に交換しました。

「これ、ばっちりですね。ロンドンブーツはけますね。ありがとうございます」

「じゃあまた、ライブ行きます」

33年前、偶然出会った「人の足をつくる」という仕事。臼井さんは、いつまでもこの仕事を続けたいと思っています。

そして手元には、あのときつかわれなかった義足を、大切にもち続けています。少女の無念さを、けっしてわすれないように。

✳ハイヒールを、もう一度

ある日、臼井さんにむずかしい依頼がありました。

依頼主は、3年前に事故で両足を失った女性です。当初は、仕事もやめ、家にこもりがちの生活を送っていましたが、1年半前に臼井さんの義足と出会いました。

以来、彼女の生活は大きく変わりました。臼井さんの義足のおかげで活動範囲が広がり、この春再就職先が見つかったのです。

「最初は歩ければそれだけでいいと思っていたのが、歩けるようになると、あと何分、あとこれぐらい行けるようにと目標ができて。その目標を達成したら、また次の目標ができる」

事故から3年。歩くこと、子育て、仕事と、少しずつ自分をとりもどしていました。そしていま、新しい目標を見つけたのです。

「臼井さん、わたし、ハイヒールがはきたい！」

一般的に、義足の靴底は平らになっています。でもそれでは、はける靴のデザインがかぎられてしまいます。

「スーツ着て、パンプスはいてぴしっとしたい。就活のときも、上はぴしっとしたのだけど下はスニーカーで。そんなかっこうを鏡で見ると、テンション落ちちゃいます。足元が決まらないと全体も決まらない。わたし、おしゃれ好きなんで」

義足でハイヒールをはくことは、ただでさえ難題です。さらに、彼女の足の状態がむずかしさを増していました。

いまはいている義足も、300メートル歩いたら痛くなってしまいます。

「まだ300メートルだね、臼井さん」

「そうそう。まだね」
彼女の両足は、切断面がかなり傷ついているため、歩くたびにソケットにすれて、長く歩くと切断面に痛みが走るのです。
「足切って何年だ？　ハイヒール捨てちゃった？」
「もうすぐ3年。捨てちゃいましたよ。もうはかないと思って。ブーツとかも捨てちゃった」
臼井さんは、用意した7センチヒールの靴を見せ、ためしにいまの義足ではいてもらうことにしました。
女性がソケットに足を入れます。座っていても、ひざ下の長さが格段に長くなったのがわかります。
「おっ、急に背が高くなるぞ。つえが必要？」
女性はそのまますっと立ち上がりました。
「わあっ変な感じ！」
そしてつえをつかずに、一歩一歩歩きはじめました。

「超歩きづらい！　あははは」
3年ぶりのハイヒールの感覚です。臼井さんは女性につえをわたしますが、女性はすぐに手をはなし、鏡に向かって真っすぐ、すたすたと歩いていきます。
「女の人は貪欲だね。はこうとしちゃうもんなあ」
「おしゃれしたいですもん、ふふふふ」
しかし、彼女の足には、やはり負担が大きすぎたようです。
「痛い」
すぐにソケットをぬぎ、足をさすり続けます。
「左足がどうしても。なんともいえない痛みがでて……。説明できない」
彼女の新しい目標のためにも、その期待にこたえたい。臼井さんは遅くまで残業して、解決法を探りました。
彼女の足の状態には、足をぴったりと密着させるため、ソケット内の空気をぬく装置をつかうのがいちばんでした。痛みをやわらげるには、この装置にたよるのが最善の策です。けれど、その装置はかかとの部分にまでおよびます。そのため、足

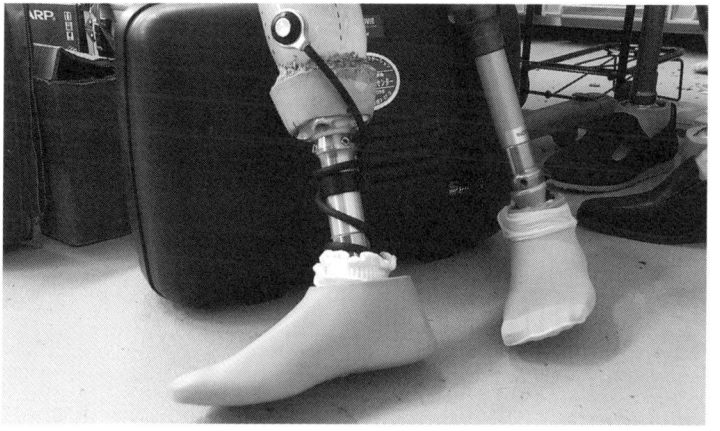

ソケット内の空気をぬく装置がついた義足。足首が固定される。

首は固定されたままになり、曲げることができません。それではハイヒールがはけないのです。

「秘策はないな……」

臼井さんは頭をかきながら、思わずつぶやきました。でも、この難問を投げだそうとはけっしてしません。とことん向き合うつもりでした。

3日後。臼井さんは、女性の足から型どりした石膏に向き合っていました。彼女の足に合う、ハイヒールがはける義足づくりに挑戦していたのです。

「足にピッタリ密着するよう、ソケットそ

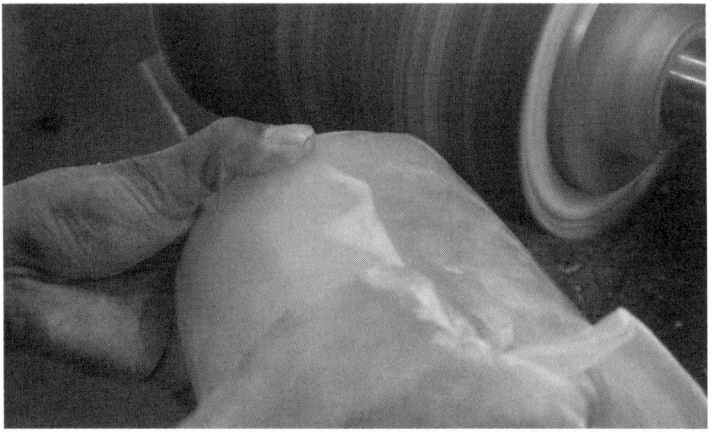

「ハイヒールで歩く」。その願いをかなえたい。そんな思いでひたすら作業する。

のものの精度を極限まで上げよう。そうすれば痛みがでないだろう」

彼女の足の特徴をイメージしながら、ソケットの型を削っていきます。骨が当たって痛いところには石膏をもり、ごくわずかなふくらみをもたせます。そして、以前よりも筋肉が発達してきた足の裏側には、少しゆとりをもたせることにしました。

作業には少しの妥協もゆるされません。

「これくらいでいいや」と思ってしまったら、彼女の期待をうらぎりかねないのです。

「約束するこわさはある。逃げられなくなっていく。約束をはたせるかどうか、ときとしてできるかなって悩んじゃったり、不安になったりすることはある。それでも、試行錯誤してやっていくしかないんだ」

1か月後。ついに新しい義足ができ上がりました。まずは、底が平らな靴でためし歩きをしてみます。

「なんだろう……。ソケットが痛い。きつい感じ」

女性の表情がくもっています。やはり、完全には合っていないようです。

「痛いところはどこ？」

「ここ。ここが超痛い」

骨が当たらないようにゆとりをもたせた部分に、まだ痛みがあると言います。

臼井さんは義足をかかえて作業場へ急ぎました。女性が不具合を指摘した部分に熱を当て、形を微調整していきます。

「口でいくら、『いいものをつくります』と言っても、最後はものとして受け入れてもらわなかったら終わらない」

臼井さんはそう思っていました。

修正したソケットに、女性はあらためて足を入れて歩きはじめました。

「腓骨の先端。さっき痛いって言ってたけど」
臼井さんは心配そうです。
「とりあえずは平気かな、いまは。うん」
なんとか、痛みがおさまりました。
「今日の今日じゃ、まだ完璧にはならないけど。ようすを見ながら、ちょくちょく調整していく感じですね」
女性の顔にも、笑みが広がっています。
「まだ、65点かな。まだはじまったばかり。彼女の義足はまだはじまったばかりだから」
女性がハイヒールをはいてさっそうと歩ける日まで、臼井さんはこれからもとことん向き合い続けていくのです。

プロフェッショナルとは

その人が求めてるものより、
いいものつくりたい気持ちになったり。
そのへんを考えると
自分との戦いみたいなのありますよね。

第303回2016年9月5日放送

こんなところがプロフェッショナル！

年間400人もの人の義足づくりにたずさわる義肢装具士、臼井二美男さん。こんなところがすごいよ！

瞬時に調整する義足の仙人

その人の体にあわせた義足づくりはもちろん、これまでの経験で瞬時に不具合を調整し、利用者からも絶大な信頼を集めています。その技術力の高さから、義足の仙人とよばれています。

義足のデザインはいろいろ

切断した部分と密着するソケットにいちばん気をつかう臼井さん。歩きやすさだけでなく、デザインの好みまで配慮して義足をつくります。

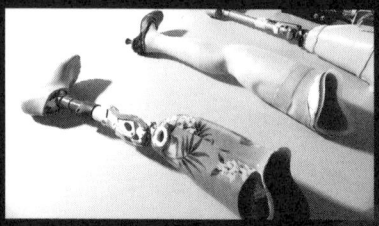

義足をはく人が集まるクラブ

どんなに明るい人でも、体の一部を失ってしまった人には、必ず苦悩がある。臼井さんは、そんな人たちが一歩をふみだすきっかけになればと陸上クラブを創設しました。このクラブで、数えきれない人たちが、人生の一歩をふみだすきっかけをつかんでいます。

「できない」とは言わない

つらい思いをしている人が目標をもったとき、「できない」とは言いたくないと言う臼井さん。どんなにむずかしい注文でも、「できない」とは言いません。むずかしいと思っても、どうすればその願いをかなえさせられるかを考えます。実際に手を動かしてみると、思いも寄らないアイデアが浮かんだり、ヒントが見つかったりするそうです。

プロフェッショナルの格言

義足の仙人、臼井二美男さんのことばを心にきざもう。

歩けるようになったその次に

臼井さんの義足づくりは、まずは歩けるようにしてあげること。その次は、何をすればその人が明るく、晴れやかになるかを考えることです。その人のできそうなことを想像して提案してあげたいと言います。

喜んでくれる人が多いに越したことはない

たくさんの人の義足づくりに関わりたいと言う臼井さん。27人いる義肢装具士をとりまとめる立場になっても、現場にこだわります。喜んでくれる人は多いに越したことはないと、日々夜まで作業しています。

いまを生きる人の力になりたい

最初につくった義足は、依頼主の死によってつかわれずにもどってきました。無力な自分にショックを受けた臼井さん。でも「いまを生きる人の力になろう。ぼくにできることは義足づくりだ」と心に決めました。

NHK
プロフェッショナル
仕事の流儀

■ 執　筆　金田妙
■ 編集協力　株式会社 NHK出版
■ デザイン・レイアウト　有限会社チャダル
■ イラスト　門司美恵子
■ 協　力　日本空港テクノ株式会社、株式会社レジュイール
公益財団法人鉄道弘済会義肢装具サポートセンター
■ 写真協力　小山自動車、日本空港テクノ株式会社
■ 校　正　田川多美恵
■ 編　集　株式会社アルバ
■ カバーイラスト　usi

NHK プロフェッショナル 仕事の流儀 1
革新をもとめるプロフェッショナル

発　行　2018年4月　第1刷

編　者　NHK「プロフェッショナル」制作班

発行者　長谷川 均
編　集　崎山貴弘
発行所　株式会社ポプラ社
〒160-8565　東京都新宿区大京町 22-1
振　替：00140-3-149271
電　話：03-3357-2212（営業）
03-3357-2635（編集）

ホームページ　www.poplar.co.jp
印刷・製本　中央精版印刷株式会社
©NHK
N.D.C.916/191 P/20cm　ISBN 978-4-591-15757-2
Printed in Japan

落丁本・乱丁本は、送料小社負担でお取り替えいたします。小社製作部宛にご連絡ください。電話：0120-666-553　受付時間：月～金曜日、9：00～17：00（祝日・休日は除く）。本書のコピー、スキャン、デジタル化等の無断複製は著作権法上での例外を除き、禁じられています。本書を代行業者等の第三者に依頼してスキャンやデジタル化することは、たとえ個人や家庭内での利用であっても著作権法上認められておりません。

NHK

プロフェッショナル

仕事の流儀

編：NHK「プロフェッショナル」制作班

全8巻

小学校高学年以上

N.D.C.916

四六判

仕事にかけるプロフェッショナルたちを紹介

1 革新をもとめるプロフェッショナル

自動車整備士・小山明、小山博久／引っ越し作業員・伊藤秀男／ビル清掃・新津春子／クリーニング師・古田武／義肢装具士・臼井二美男

2 技をきわめるプロフェッショナル

パン職人・竹内久典／ぎょう鉄職人・葛原幸一／時計職人・松浦敬一／うなぎ職人・金本兼次郎／そば打ち職人・高橋邦弘

3 創造するプロフェッショナル

発明家・道脇裕／ロボット研究・山海嘉之／工学博士・國中均／町工場経営者・竹内宏／フィギュアメーカー社長・宮脇修一

4 命と向きあうプロフェッショナル

助産師・神谷整子／小児外科医・山高篤行／ウイルス学者・高田礼人／介護福祉士・和田行男／獣医師・蓮岡元一

5 くらしをささえるプロフェッショナル

鉄道ダイヤ作成・牛田貢平／クレーン運転士・上圷茂／保育士・野島千恵子／水道技術者・笑喜久文／地方公務員・寺本英仁／困窮者支援・奥田知志

6 食をささえるプロフェッショナル

りんご農家・木村秋則／肉牛農家・鎌田秀利／カキ養殖・畠山重篤／チーズ農家・吉田全作／カツオ漁師・明神学武

7 表現するプロフェッショナル

バイオリニスト・五嶋みどり／狂言師・野村萬斎／ガーデンデザイナー・ポール・スミザー／バスガイド・崎原真弓／書体デザイナー・藤田重信

8 信念をつらぬくプロフェッショナル

プロサッカー監督・森保一／囲碁棋士・井山裕太／恐竜学者・小林快次／歯科医・熊谷崇／建築家・大島芳彦